八字洩天機

（中）

司螢居士◎著

高寶書版集團

高寶書版集團
gobooks.com.tw

新視野 New Window 262
八字洩天機（中）

作　　者　司螢居士
責任編輯　葉昌明、高如玫
封面設計　林政嘉
內頁排版　賴姵均
企　　劃　鍾惠鈞

發 行 人　朱凱蕾
出　　版　英屬維京群島商高寶國際有限公司台灣分公司
　　　　　Global Group Holdings, Ltd.
地　　址　台北市內湖區洲子街 88 號 3 樓
網　　址　gobooks.com.tw
電　　話　(02) 27992788
電　　郵　readers@gobooks.com.tw（讀者服務部）
傳　　真　出版部 (02) 27990909　行銷部 (02) 27993088
郵政劃撥　19394552
戶　　名　英屬維京群島商高寶國際有限公司台灣分公司
發　　行　英屬維京群島商高寶國際有限公司台灣分公司
初版日期　2009 年 04 月
二版日期　2023 年 05 月

國家圖書館出版品預行編目（CIP）資料

八字洩天機（中）/ 司螢居士著 . -- 二版 . -- 臺北市：英屬維京群島商高寶國際有限公司臺灣分公司，2023.03
面；　公分 . -- (新視野 262)

ISBN 978-986-506-668-0（上冊：平裝）. --
ISBN 978-986-506-669-7（中冊：平裝）. --
ISBN 978-986-506-670-3（下冊：平裝）. --
ISBN 978-986-506-671-0（全套：平裝）

1.CST: 命書　2.CST: 生辰八字

293.12　　112002225

・目　錄・

修行部分

如何改變命運　8

成佛之原理及方法　22

速成打通氣脈之原理及方法　34

擇日——天時　45

我所知的靈界及修行點滴　56

・目　錄・

八字洩天機部分

命理基本知識　93

命學術語　104

如何正確排八字、大運　116

(1)我國「夏令時間」歷年起止表　116

(2)標準時區與各地經緯度的三角點所在地　119

(3)時差與定時　129

(4)綜合定時　132

·目　錄·

(5)排八字、大運之說明與實例 133
基礎理論分析——沖、剋、合、會 148
(1)天干五合化（背記） 148
(2)地支六合化（背記） 155
(3)天干相剋（陽見陽；陰見陰。）（背記） 159
(4)地支相衝（沖）——六沖。（背記） 159
(5)地支三合局（背記） 160
(6)地支分向會（背記） 161

·目 錄·

(7)地支三刑（知道即可） 162
(8)天干爭合 162
(9)地支合解沖 163
基礎理論——綜合練習（八十六題） 166
沖剋合會與行運、流年、流月應用實例 219
流年秘訣——流年、流月、流日逼進法 226
(1)流月逼進法 228

·目　錄·

(2)流年遁進法 233
(3)六十甲子綜合流年遁進法 237
(4)流日遁進法 245
(5)流日遁進法實例說明 258
後記 283
預言推測之原理根據 286

修行部分

如何改變命運

本篇乃余深研五術、玄學多年，費盡不少苦心之研究成果，願大家廣傳，利益眾生，善哉！

吾人一生之流年吉凶，皆受氣色來引動，氣色之好壞，卻受生活習慣、飲食及住宅來控制；其次受天星引力、心性體質、情緒、祖墳等影響。八字生辰，只是解釋人生否泰的代號，並無左右命運的力量，算準，還是氣數難逃。

茲說明損財氣色，如何製造形成：

①乃生活、工作習慣不正常，常遲睡、熬夜或輪夜班，使腦下垂體分泌之「黑色細胞刺激荷爾蒙」愈多，黑氣愈重，種下損財氣色，大多數的人，流年開始損財、有災，此為主因。食物為維他命C、水果能消除黑色素，故常吃水果的人，皮膚較漂亮。藉化

粧改變氣色，只是外表之掩飾，對潛在之氣色，沒有幫助，亦無法改變氣運。

②過分勞累，體力透支，休息不足，會產生一種酮體毒素，使人感覺疲倦；積久此毒素，影響身體腰酸背痛及財運，房事過多，太耗元氣一樣。吃適量之番石榴及海帶，可補充礦物質，強壯筋骨及降火。亦可吃水果，改善氣色，所有的食物裡面，番石榴及海帶，礦物質之含量最高，一些人筋骨車禍受傷，多吃此兩類，恢復較快，即是此因。房事後腰酸背痛之人，多半為礦物質不足之故。感冒之人，多吃海帶補充營養，復原更快。

③睡眠不正常，尤其半夜三點到五點，消耗體力最多；房事後、天氣太熱、住宅太熱（尤其東西向，與當運無關，與東四命、西四命無關；或上面無屋遮熱。）、過度勞累、或是驚恐天災、人禍等事件，造成失眠，或頂樓工作忙碌、友人來訪常遲睡、睡眠不足……等，皆使得吾人體內虛火上升，肝臟所藏營養流失，補充不及，形成口乾、口臭、多尿，很容易疲倦，胸口煩悶燥熱，肝臟解毒功能降低，體內毒素加重，積久深入骨髓，氣色晦暗，造成命運長期坎坷，損財、疾病、家庭糾紛等。

唯有生活正常，多吃水果降虛火，才能治本。若積毒深重，肝臟病變，則須藉重「解毒酒」（處方列之在後），但仍宜請教醫生較妥當。一般人虛火上升，胸口煩悶燥熱，不知降虛火看中醫，多吃水果退火氣；去醫院照X光皆看不出毛病，加上又多吃燥性食物，如動物胃腸類、抽煙、喝酒、羊肉、紅糖等，住宅又太熱，電扇直吹身子，又房事頻繁，虛火生慾火，沾上喪事穢氣睡不著，工作又熬夜等，一連串的因素，由虛火、發炎開始，到肝、腎臟生疾患，由小毛病到大毛病影響很快。脾氣不好的人，除了喜常吃動物胃腸類，或男性多抽煙喝酒外，另一原因，為側睡；使「會陰穴」之陰電分泌不足，無法安定神經，若每日做十次仰臥起坐，自能漸漸睡正面，可改善須側睡才睡得著之習慣，乃藉重腹部收縮，自然提陰蹻、會陰穴，使練精化氣，分泌陰電。

④住宅、工廠基本上，左、右方無屋衛護受友累，男女婚嫁不順（獨立屋除非有水衛，為孤獨之意。）此左、右兩側即是朋友、比劫之意，乃同等地位。後方無屋作靠山，為受自己人連累、內亂、失人和、皆生女。此空缺因空氣強烈對流，洩掉牆壁及室內物品、傢具沾上之人氣、元氣，積久使吾人元氣一直在耗損補充中，住後半年見欠安、損財、是非；乃室內等壓，及強烈對流，無法使人氣達到飽和之故。吾人流年欲晦，必先住所環境有變凶。

又前屋或高山，超過一樓阻氣、阻財（門路為財路），使室內因天地交泰，處於空氣中之山川靈氣漸減，為受外人來連累、官符，若為公寓大樓，則以整棟高度，及其他大樓比較。距離愈近，應驗時間愈快，此為一般常見之情。若電線桿、屋角皆小事，每家都有。而墓地選擇尚知：左右後方要有衛靠。在住宅上卻疏忽，胡蓋亂住。以古時候的三合院為例，若前面庭院，蓋一間房子，自阻財路，則就不得了！所謂天地交泰，即是每逢交節氣或農曆十五日月圓時，其前後三天，前三天，地氣下降，地心引力增加，後三天，地心引力減弱，地氣上升，天地間虛空中，充滿山川靈氣，以清晨日出前最多，日出後，受太陽輻射及太陽風之壓力，漸漸地氣下降；再於日落後，到第二天日出前，外面溫度低，地表溫度高，地氣漸漸上升，此為一日內之天地交泰；故一般靜坐，接受山川靈氣，皆在清晨，清氣旺盛獲益最多。若一月之天地交泰，則以交節氣及月圓為之，故神明、仙佛擇日皆取此後三天，此亦才是最正確。若初一，乃月球在太陽及地球之中間，兩相抵消，力量不大。若一年之天地交泰，乃在交節氣之：立春、立夏、立秋、立冬等。逢交節氣前三天，吾人會感受壓迫感，後三天則感受拉力，皆會使吾人脾氣較煩躁，但修行可將中脈打通，則獲益多。若氣脈旺，尤其中脈已打通者，逢此交節氣，清痰多，感應更強。

若新蓋好之房子，如同睡地上，會吸人氣，室內一切人氣，須重頭扎根；一般人皆知，舊房子愈住愈興旺，屋小人多則人氣旺，財運亦旺，卻疏忽於此；住新屋半年後，元氣受吸，氣色不繼，損財、欠安皆常見；是故住新屋於三年內，皆須多補充營養，可至少每五或七天，吃幾片人參或西洋參補元氣，但不能天天吃，以免補充太過，反而生弊。

尚有地下室當工廠、辦公室，到處碰壁，乃地下室較不容易接受山川靈氣之故，形成居久氣色不繼。住宅上方養鴿子，或常常沾上鴿糞穢氣，呼吸毒素，尤其在夏天，鴿糞受太陽照射，穢氣蒸發如同瓦斯，引入霉氣；養鴿人家比賽，時贏時輸，即是與夏天接觸到鴿糞穢氣之多寡有關，近豬場、養雞、狗、鹿等動物皆一樣。皆須多吃水果降火解毒，尤其注意通風、清潔問題。又有店鋪若比路高出一尺以上，財路難以引進，此原理乃顧客方便之問題。書房愈小，念波發射及折射快，消耗體力愈少，精神更容易集中，加上與床鋪隔開，不會受暗示作用，見到睡鋪即想睡覺；再配合牛奶營養補充，增加記憶力、思考力；桌上除了日光燈外，再多一盞二十W電燈泡，以增加電離子助元氣（電燈泡若六十W以上太強則不行，反而增加熱溫，使虛火上升。）如此皆備，讀書成績轉佳，警察先生則破案連連，研究人員則大開智慧；若讀書運不好，必先移動書房於較大者，及其他與前述相反，使體力、精神漸差，八字算準，一樣氣數難逃，是故凡事知其原理，則欲改變命運才不難。

又電風扇直吹身體，吹散耗失吾人之元氣、光氣，很快感冒，氣色差。室內裝冷氣，很容易使寒氣深入骨髓，手腳、筋骨酸麻、風濕，骨髓內酸酸的，欲抓卻抓不到，易於勞動流汗後，寒氣引出，轉為發燒；對應之法，為冷氣不要正面吹襲，隔一間空屋，再吹送過來，則較無礙；感受到寒氣身體有酸麻時，以四十W電燈泡，距離一尺，照射印堂，閉目緩緩深呼吸，觀想由全身毛細孔吸進來，每天時間五分鐘，連續三天內，可藉此熱光之電離子，逼出寒氣。此法之副作用，為連作七天以上，因熱溫會流鼻血。夏天則虛火上升，亦即人體與為人處事一樣，皆需中庸之道。

頭部靠近門旁或窗戶下睡覺，易常見感冒，積久鼻炎、頭痛，乃因睡覺時，全身放鬆，毛細孔張開，頭部在氣口，易受空氣冷熱對流影響，耗失元氣，感受風寒。室內裝抽風機，抽走元氣，和住宅內有天井，空氣之對流，抽散元氣，尤其在夜間時，大門關閉，室內更易空氣稀薄，此情如同工廠之抽真空，皆會影響財運散財、頭患……等等，今昔之住宅看法不同，要修改的地方甚多矣！唯住宅和墓地一樣，吉地並不多，只有多積德行善，才能福地福人居。外氣若吉，則內氣雖凶亦會減輕。又住宅除非有特殊之好地理使命運稍吉可小幅改變，但欲完全大力改變命運，則只有富貴大地之祖墳才行，也是那一句話，富貴大地，皆有高靈界仙佛呵護，一切皆以積德行善為標準，此乃余及一些友人之親身體驗，半點不由人。

⑤飲食：未定時，胃腸積風吃不下，不知飯前先喝開水，積久營養失調，元氣虛，氣色不繼，影響胃腸、財運，婦人則心臟乏力，經期不順，胃腸消化不良，尤其生於冬天亥、子、丑、寅月者。只要飯前先喝開水，使胃腸暢通，再食補羊肉、羊肝，則元氣恢復很快，夏天則不宜多吃，乃燥補之故。素食之人，唯有牛奶，及多吃豆類補充。

運程遇見阻力、壓力時，偏偏天天吃歛氣、束氣之：醋、補藥丸……及束血，歛血之：維他命K、番石榴……使血氣加壓，由生理上之壓力，帶來人事上、財利上之壓力相對應。吃少量可幫助元氣，過量則反效果；如番石榴可止瀉、壯筋骨，吃太多會脾氣不好、生口舌、阻財，體內有虛火會束血使發燒。如香蕉可幫助胃腸暢通，吃太多會軟腳、滑精，胃腸炎有下瀉時，更不能吃。如鳳梨可清除胃腸雜質，天天吃馬上割傷胃腸。又過重濃度的咖啡、巧克力、茶葉影響氣色。

集體性的飲食風潮，如民國六十九年的泡老人茶及七十四年的健康醋，影響集體性的氣色，凡事皆需中庸之道。又有集體性的水質、空氣污染，影響集體性氣色、命運及職業病；蔬菜、水果的農藥，雞、豬肉飼料及針劑的抗生素過量；反覆使用的回鍋油之化學變質；及其他如：廢油再提煉、多氯連苯、毒玉米……等，與道德有關之人為因素，時代病變，累積的毒素，造成皮膚過敏、肝炎。解毒酒可作參考，但仍需請教醫生。空氣的污染，造成支氣管炎、扁桃腺發炎，發高燒不退，小孩難養，宜尋耳鼻喉科。

⑥天星引力：每逢月圓、交節氣（如立春、清明、立冬……）前三天，天地交泰，月球、地球之地心引力增加，拉出更多的太陽黑子、太陽風，衝到大氣層，地氣下降收縮，使吾人感受到一種壓迫感，脾氣煩躁，及發洩慾；於此交節氣前後三天，生病者

多。交節氣後三天，因地心引力的減弱，氣血上沖，用腦者，頭脹頸硬難受，尤其受空氣污染，氣候忽冷忽熱之地，積久有高血壓、腦中風之危；此頸硬頭脹，非血濁之故，乃脊椎至頭頂之督脈管道全打開，已具備如佛像所繪之頭後光圈，為自然現象，無根治之藥，消極之法，為平時少用腦，多運動雙腳，使氣血下行，及常吃含維他命E的麥粉、麥片……，使擴張血管，清除酸化血脂，常喝牛奶，補充營養，幫助記憶思考。雙腳接近蠟燭火，強迫氣血下行有速效，但一旦過度用腦，則頭脹頸硬馬上恢復。積極之法，為打通中脈，即能分散氣血上行所帶來之壓力。古代之人，則用熱水浸腳，也是一種變通消極之法。

又有每二十年一次的木土星交會排列，皆在庚申、庚辰、庚子年，造成如同六十九年的旱災，七十年的水災，及二十年前的八七水災，皆為星球的排列，使引力增加，拉出更多的太陽黑子，降低太陽表面溫度所致，太陽黑子的溫度，約在四千六百度，太陽平均表面溫度，約在六千度。又如七十一年二月間的九大行星排列，七十四年十一月及七十五年四月的哈雷彗星，兩次接近地球，星球的排列前後，引力促使氣候冷熱不定，尤其炎帶地帶，造成虛火上升，心浮氣躁、口舌，進而引發戰端，未降虛火，運阻者多。彗星則為含氫、冰，其他物質構成之彗星雲，擋住太陽能，造成稻米欠收生飢荒。

唯有生活習慣正常，住宅確實改善，空缺之處，門窗開小一點，或修蓋空缺處較佳。另空缺處有大水池，或未加蓋的大水溝，也可改吉；或住宅受水箭直射，即屋前或側面、後面，有大水溝或大漁池直直對著，如箭射而來，若有大水池亦可化解，乃水有蓄溫聚氣作用。

若一縣一市之地理形態，仍一樣以山脈或大排水構，分前後左右環繞衛護，如同吾人之手、足向內彎，市中心乃結穴之所，亦如同吾人之泌尿器官，此為地氣蓄氣之所。假若山脈挖損，大排水溝基於衛生問題而加蓋，或大建築物阻隔收水、收峰，則皆會使地氣於無形中漸散去，居住在該縣市之居民，氣色、元氣漸晦，形成火災、官符、損財到人禍，由小而大，依情況而觀其嚴重性，需幾年達到最高峰。另外虛火上升及夏天，更需多吃水果降火解毒，如香蕉、苦瓜、菜頭……等，少喝冰水，不得已熬夜，勿空腹需多喝開水或牛奶。

深睡分泌更多的松果腺荷爾蒙，漂白皮膚，牽制腦下垂體分泌之黑氣，皆為一物剋一物；由此可知，寢室太亮，夏天容易睡眠不足，被太陽叫醒，積久虛火上升；凡事知其原理，則防患及改變命運並不難。

其他尚有：祖墳影響，除非是富貴大地，一般對本身財運幫助有限，尤其後代子孫眾多者，更易瓜分相助之地氣、地靈，但卻是後代子孫，八字命運好壞的來源；富貴福地本不多，以積德行善為標準；真正穴場乃一處，最多勉強可三處，且方圓環衛有數甲，有十數甲、百甲以上，穴場因地質不同，於下雨後，或清晨、黃昏，尤其砂頁岩之蓄溫作用會冒霧氣，平地則地溫較高處附近，有些則於穴場之上方，有老鼠洞，乃動物較敏感之故。所謂砂頁岩乃：一層黏土、一層薄砂；厚度則不一定，藉黏土蓄溫慢、散熱慢，作用在蓄溫。藉砂吸熱快、散熱快，作用在傳導。而當挖掉穴場上方之砂頁岩土質後，先守半粉質土，下面才是呈約直徑一尺半，圓形之太極暈正穴，由此可知點地不易，一般以靈界仙佛、寺廟神明點地較不易出差錯，由靈視即知深淺尺寸，乳穴、突穴易點地，範圍五十公尺以上之窩穴則誤差較大。葬下後，清晨墓碑會發熱溫溫的，中午太陽照曬愈大，墓碑反而愈涼冷，此乃地氣聚散之作用。至於墓碑變色，乃風化作用，每個都會；墓碑出油，純屬人為；只有溫度可以證明一切。壽墳即大地穴場，由於指甲、頭髮之物有限，感應發財亦極有限。而且此感應同祖墳一樣，乃使吾人精、氣、神更聚集，反而比不上住宅人氣聚集及飲食補充之力量。

另外體質影響：怕冷者冬天損財，飯後一小杯補藥酒，可使財運轉吉，或常吃含維他命E之食品，使擴張血管不怕冷，若西藥維他命片，勿天天吃，和其他食物一樣，補藥一樣，過量有後遺症。並注意住宅太大，使散熱快，或向北或住宅有受北風侵襲，皆為主因。怕熱者，夏天損財，住宅加裝冷氣，多吃降火之水果、蔬菜、香蕉、苦瓜……，可使財運轉吉；並注意住宅夏天太熱，如：上面屋遮熱，左右前後方之其中一方，受太陽直接照射，尤其東西向，力上住南部、炎熱地帶，可於太熱或太冷之牆壁上（尤其空缺處），以甘蔗板、保麗龍、三合板等訂起來，有防熱、防冷之作用，地上赤腳冬天太冷，可用地毯或木板預防。

情緒影響：心情常憂鬱，情緒常消沉、頹喪者，或受外來因素，無形中造成心理消沉者，此消沉的情緒，會使吾人體內分泌毒素，消化功能差，累積的毒素，造成氣色晦暗，引入霉運。難怪中國人，自古以來，即流傳一句話：家和萬事興。由此可知，時常保持樂觀喜悅之情緒，消化功能正常，喜悅使全身放鬆，體內分泌之胃腸液，更能促進新陳代謝，使氣色更佳，身體健康。

懷孕期間，父母的心性改變，脾氣、工作、生活習慣、一切言行胎教，加上斯時父母元氣之狀況，元氣充足與否，及三歲前的家庭教育，深深刻劃在潛意識裡，註定了一生中行事的走向，配合祖墳地靈，以懷孕期間，父母親之一切舉止、身心狀況，影響出生之小孩最重要。此段期間，若父母親之身體健康，氣脈暢旺，則出生之小孩，先天元氣更充足，此點可改變祖墳不吉者之影響；懷孕期間，父母若忙碌生意，則出生之小孩，將來必為商場生意中人；若父母與人口舌，則小孩將來必兇巴巴，脾氣不好；若父母具慈悲心，則小孩也是很有佛心；此胎教各個小孩不同，也是造成未來，兄弟姐妹事業、心性不同之因素。

出生在交節氣前，尤其三天前，如：立春、驚蟄、清明、夏至……。縱然八字上等命，也需倍嚐人生極多的苦頭歷練，乃先天體質，承受天地交泰之壓力所致。出生在交節氣後，尤其三天內，配合好八字，踏入社會後，一帆風順，享受其成；乃交節氣後三天，地心引力減弱，大地充滿山川靈氣，先天體質清新及沒有壓力，好的開始是成功的一半。此點可供剖腹生產者參考，因人造八字未必準驗，此點卻必正確。

又小孩頂門未閉，或體質較清純的，逢遇喪家或吃到喪家食物，接觸到喪帖或清明掃墓，易沾上穢氣，發高燒、嘔吐，醫生束手，或入廟因兵卒陰靈多，靈體受感應，夜睡不寧，飲食有退；也有年青人、大人參加參事，或受車禍、火災、戰禍之刺激，驚嚇夜睡不寧，作惡夢，乃靈氣魂體已有漸分離出神之情，積久先元氣虛，感冒、全身無力、吃不下等。只要青草店購十元「雞糞藤」，架水煮沸，泡入大澡盆中洗澡，最多三次平安無事，此雞糞藤能清除穢氣，一物剋一物，令人不得不信服，嘆造物之神奇；有一般收驚安魂定魄的功效。另外一般有俗云：家中有人逝世，會連續霉運三年。其實乃沾上之穢氣未除之故。只要於出葬後及謝土後，分別洗三天，自能除去穢氣，比剪頭髮還有效。吾人若運氣不順時，或平常每七天或半個月洗一次，則因安神定魄之功，睡眠正常能深睡，氣色、元氣自然逐漸轉合，能改善運氣。有時候吾人欲走霉運前，於無形中先參加喪事，或與參加喪事之人長談，無意中不知不覺接收穢氣，由睡不著、作惡夢、元氣虛感冒、氣色差，逐漸引入霉氣，意外之災、損財、欠安……等，使八字算命算準，真是防不勝防，故至少每七天或半月，防患沖洗一次，即可用清水洗淨。此雞糞藤以鄉下、南部較多。倘若一些以辦喪事為生者，則體內已成調和、習慣性，則無此顧忌；一般擇日之沖煞，其實乃以此穢氣為主。有些基於交情友誼及親屬關係，皆須於參加喪事後，清洗一次到三次，自能無礙。

另過年節或平日，吃過多糖果、甜食，促使胃酸分泌過多，約三天後容易感冒。正常血液PH值（酸鹼值）七．三，生病時PH值降至七．二，由此可知，真是防不勝防，今日小孩難養。另外每年新曆三月及十月，天氣忽冷忽熱，易患胃腸、感冒。

總言之：算命欲防小人，不是別人，乃須防患：住宅、生活習慣、飲食、空氣、水質、天生異變等等。願大家這一生中，皆永遠財源廣進，只有月圓沒有月缺；生活上無後顧之慮，並依照「成佛之原理及方法」修行，具備佛體、星光園，具備大慈大悲之佛心、太陽心，看開一切執著，不要造下業障，多廣積善功，回到最高之最高靈界，永遠永遠不要再來輪迴！

解毒酒：（本藥方供參考，仍請教醫生為宜。）

大正川田七三錢。五加皮三錢。百合三錢。川烏三錢。

草烏三錢。生枝子三錢。正血結二錢。羌活三錢。

莪朮三錢。琥碧二錢。沒藥三錢。西藏紅花二錢。

歸尾三錢。生芪三錢。當歸二錢。

每服浸二支（大）金門高粱酒。若兩帖即四瓶。每晚飯後，喝半小杯，約五ＣＣ，藥費約二百五十元，酒不算。浸三十元。

今日社會，化學污，蔬菜中農藥，雞、酒肉、飼料中抗生素過量，造成累積毒素，皮膚過敏、肝炎，余於醫治八月無效後，藉此解毒酒七天治癒。藉酒加速清毒，不勝酒力者，可緩緩喝或配合開水喝，平常余則約每半個月，在晚飯後，喝約三ＣＣ，以清除體內毒素，並多喝開水，幫助新陳代謝。此食物污染，甚至人為因素，乃今日物質時代之副產品、後遺症，影響廣泛，古代則沒有。

成佛之原理及方法

本篇乃余民國七十三年十月及十一月間開悟，斯時知悉此趟轉世之任務，且開悟亦承最高之最高靈界仙佛相助，斯時開悟，馬上傳偏整個高靈界，平時已曾見面及不曾見面，而先後轉世救劫之仙佛，其後之元靈，紛紛於無形中督促來訪，求示成佛之理。蓋欲救人者，反被拖下水，經不起物質時代之考驗，古為士農工商，精神時代；今為商工農士，物質時代。人人欲爭做奸商，置聖賢教化於不顧，令人感嘆，眾生沉淪。為救中華民族生靈及世界眾生，免遭魔界轉世之貪念所毒害，仙佛紛紛轉世投胎於各階層，負起重任，為重建人間為佛土而努力。奈各人道行深淺有關，經不起考驗者，比比皆是，令余思及淚滴不已。

本文乃余從成長階段，至三十二歲，於五術、玄學等百千法門上，經歷千辛萬苦，終於親身體會，找出如何解脫輪迴，修行成佛之原理及方法。願大家能依此修行，擺脫業力——執著。不種下業障，並具備到最高靈界之交通工具——星光圈、佛體，從此了脫生死。盼大家一傳十，十傳百，功德無量，功德無量，善哉！善哉！

此法廣傳功德勝過一切，人人得免墮入無間地獄，免除輪迴之苦，人人成佛。欲盡孝道，此法最崇高，欲行善，此法功德最多。乃財施救濟他人，為一時解困，燃眉之急而已，功德較小。若渡化一人成佛，卻能免除其生生世世輪迴之苦。

依法修行一月可具備小星光圈環繞，已初成佛體，修行半年到一年，則中脈可全通，具備大星光圈。若最高之最高靈界仙佛相助加持，（須此相助之仙佛道行高。）五秒鐘內，馬上開通，心竅立有感受重重的、熱熱的，頭頂立見一股氣上沖，頭頂蓋似無，本已有修行功力者，會氣端捧胸。平常金頂如戴帽子，重重的，但不會痛，乃光氣射出之故，空腹時，氣上沖更明顯，且胸口心竅重重的，左右脈如同兩個帶子。集中精神處事或唸咒觀想內視或做深呼吸法，皆會在無形中，接收虛空中山川靈氣，五分鐘內會胸脹氣滿，精神充沛。相反地，言談過多，言多會洩氣，尤其夏天言多會咳嗽，乃洩元氣太過之故，做緩慢深呼吸即恢復，用腦思考過度會頭部發脹，但休息一下，馬上恢復。除了夏天言多咳嗽多痰外，身體會更健康，鮮少會感冒。

余自開悟到七十四年十一月，為陰靈開中脈，約在六人。為有緣人，品性良善又積德者開中脈，打通生死關——心竅，約在十一人。願讀者見此，勿生惰意，仍按部修之為要，並多積德行善。修行成佛之原理及方法。述之如下：

一、注意事項：

(1)早睡早起做，空腹做，閉目，站著或坐著或躺著做皆可，以站著較佳，氣易循左、右、中脈集中上行。早上做乃剛睡醒，全身最放鬆，比較沒有雜念，不會妨礙思想集中。腹部呼吸，宜清晨空腹時做，目的乃清除腸胃管壁不潔之積存物，使中脈更易暢行，更易開通心竅，身體會更健康，做完沒有任何禁忌。剛開始七天內，清除雜質會下瀉，體質清者不會下瀉。

(2)觀想金光鑽旋轉向上時，不用刻意去注意與呼吸配合，可先做數次腹部呼吸後，再加入觀想，不要分心談話，身體放鬆站立兩腿自然伸直為較佳。

(3)不會走火入魔。一般修靈動法，沒有護法，易精神恍惚，積久生弊，予外邪可乘之機。或守丹田、胎元者，積久未散，由於人體內，體液最多在胃腸部位，心中常意念集中在小腹部時，會加速體液正負離子之碰撞，促使產生一股熱量，道家謂之：陽氣。逢炎夏之際，須留意煩躁加重，虛火上升，便秘、脾氣變得不好。修逐一觀想脈輪者，害怕此一熱氣上升，會燒傷心臟及腦神經，一般皆不敢往上沖，或有的人，不用意念引導，讓此股熱氣在靜坐時，慢慢自動往上沖，時日較久，數年甚至十年以上才打通中脈，以在喉間即消失，頭部此段中脈最難通亦最久。瑜珈術則有半浴法相補救，此乃修此法門，令人頭痛之事。若在冬天寒冷時，或高山寒地修持，則不懼此情。

若依本文修持，旋轉直上，則不慮此患，蓋人體脈道本相通，唯心竅以上之中脈皆閉，又何必刻意去製造那些「紅綠燈」——守關竅呢？欲修天眼、天耳，旋轉風路——督脈及水路——腎臟至雙耳，也是一樣。修通督脈到頭頂，使具備頭後光圈也是必要。光氣愈強，顏色愈高頻率之紫色，才能與最高靈界之靈流合一。心性愈祥和慈悲，才能自然維持紫氣光。

修逐一觀想脈輪，及守關竅之法門者，於炎夏需留意引邪火上升，體內煩悶燥熱，脾氣差、心浮氣躁，乃有緊無鬆之故。可服中藥或降虛火之食物，並修後述之觀想之，頭內有太陽放火芒，默念不執著……。即可解除壓力。

(4)眼睛運動，能使眼神更明亮，有眼疾，圈數可減少。

(5)女性懷孕期，暫時勿做，以免胎兒受壓迫。

(6)已婚者，宜停慾蓄積精氣，此一月內可收速效之功。

(7)高血壓、心臟病者，不要貪快，修持時間可減。

(8)體內有虛火，胸口煩悶燥熱者，及熬夜工作者，暫時勿做，冬天再做，或另尋寒冷之地做，以免虛火上升，臉上生黑斑。若生黑斑，解毒酒有速效，仍以請教醫生為宜。解毒酒藥方，列於：如何改變命運。

(9)做完觀想金光鑽旋轉後，須做觀想太陽部分，至少半小時左右，此一緊一鬆，才不會生弊。

自然界本來即包括：陰陽、緊鬆、一正一反……修行也是一樣，催財也是一樣，一緊一鬆，一陰一陽，才不會有偏離偏差。觀想旋轉逆時鐘向上，如同螺絲轉動卸掉一樣——為緊。（若順時鐘向下，為接收天地靈氣。當初余知悟時，只現一道白光向上，為密宗觀法，開悟時得最高之最高靈界仙佛相助，才知用旋轉方法，力量最大。隔空接收富貴大地之祖墳地氣，也是一樣。）又過緊不行，如同拉彈簧，會失去彈性。只觀想旋轉，則有過緊、煩躁、虛火上升，頸部太硬之弊。（觀想旋轉中脈向上，無形中亦會將督脈拉上。）

故必須修完後，靜坐觀想二：頭內有太陽放光芒，及默念不執著……。蓋觀想太陽放光，最容易放鬆，尤其加上心中想著：凡事看開……。更能使身體放鬆，一方面休息，又能修心，促使整個屋內空間及屋外，充滿祥和光波，引入祥瑞。

修行時間，至少一個月以上，中脈全通時，會時刻覺得頭頂有一大片氣往上沖，好像整個頭蓋頂都沒有，有開頂者更強，此時全身已籠罩著一強大之光氣，有一從頭頂到腳底環繞，成圓形的星光圈——佛體。有天眼者可見，而光氣之顏色，依各人性執著呈現不同；最高境界，為具備大慈大悲，普渡眾生之佛心者，當然須凡事看開，沒有任何執著心，此時由小腹到頭頂（稱之中脈），為金光色，星光圈之內為金光色，外為紫氣光。只要平常心境祥和、慈悲，即能維持此種光氣，若須經過觀想紫色，才能轉換為紫氣光的，則心境尚須磨練，否則將來無法承受最之最高靈界，超過頻率之光氣靈流。余因開悟，親眼目睹，多次星光圈之機會，而知悉一般繪畫佛像有誤，這是繪畫者境界之問題，光圈為由頭頂到腳底環繞，若只頭後一光圈，只是打開督脈在頭內正中，到頭頂之管道而已，打開後時刻會頸硬。須具備此星光圈，才能回到遠在正東方外太空四五度的最高靈界，亦才能乘願再來。

二、方法——腹部呼吸法。配合觀想。

皆用鼻子呼吸，配合緩慢深呼吸，腹部吸脹呼縮。即吸氣時，腹部膨脹，呼氣時腹部收縮。吸脹滿及呼盡時，皆稍停一下，停多久不用管，隨意即可。

配合下述觀想做。第一星期，吸脹呼縮算一次，每日做三十次即可。第一星期後，每日至少做半小時以上。

三、觀想(1)：

做吸氣呼縮時，須同時閉目觀想，即意念想像，由小腹部（肚臍下面）——到頭頂，由下而上，有一金光色（如黃金之顏色）之螺絲鑽子，逆時鐘往上鑽，一次又一次，鑽出頭頂，反覆想像，配合腹部吸脹呼縮法做，以呼縮時往上鑽之力量較大。所謂逆時針，即以身體為中心，由拿筆之右手繞向前方畫圓，到左手方，再到身後，到右手，依次運轉，當然是觀想在身體內部，正中間之一直線上，逆時鐘往上鑽。實施之時間長短，即是在「方法」部分所述。

觀想(2)：

做完前面，腹部呼吸法及觀想三十次，或半小時以上後，坐下來，普通盤坐即可，閉目，背靠牆壁，雙肩下垂，全身放鬆，雙手合掌胸前（或隨便放亦可）。先做眼睛運動，繞圓圈順轉、逆轉，左右、上下，至少七十二次繞圓。目的在使全身氣血循環舒暢，氣色佳，身體更健康，財運亦佳。乃眼睛為任督、左右中脈之聚滙，運動眼睛，等於運氣全身。做了眼睛運動後，才會知道眼睛亦會生銹痠痛。做完眼睛運動後觀想：（時間至少半小時左右）

即閉目意念想像，有一太陽放光，到最後為想像全身好像太陽一般，放出一片光芒，面帶微笑做。

同時默念：

任何事包括酒、色、財、怒氣、生活習慣，所有一切我都看開，不執著了，我的心，好像太陽一樣偉大，無私無我，普明照世間。

如來佛祖（女士可稱：南無觀世音菩薩。天主教或基督教，可稱：主耶穌。稱號依各人信仰改變。）大慈大悲，救苦救難，救渡眾生。

以上用約一個月時間，即可具備小星光圈，但腹大、胃腸雜質多者，成效會較慢，須有恆心。以後做約半年到一年，可使中脈全通，時刻頭頂如戴帽子重重的即是；此後則偶爾做一下，腹部呼吸去及觀想，以清除胃腸雜質，並多廣積善力。但觀想⑵及默念部分，則宜固定睡前或睡醒，或任何時間、任何地方，每日都要做一次，時間不限，以清除吾人在此物慾時代，容易感染之執著心及自私心。做完再配合緩慢深呼吸，閉目觀想將山川靈氣，或觀想外太空之太陽，由全身毛細孔，將其吸進來，每日做到一分鐘即可，功力夠的話，會胸脹氣滿。

當你的意念融合觀想⑵時，你的自性會顯現，雙眼淚垂，感慨萬千，嚎啕大哭唯有自己知道，這時就是真正的大慈大悲佛心。我們學習佛菩薩之言行，而佛菩薩學習太陽之心境舉動，這乃是最原始成佛者，其模仿太陽而了悟解脫輪迴之道理。當初釋迦牟尼佛，夜觀星象而了悟，其實是看星星想到太陽而開悟。吾人學習模仿，皆以自然界之東西為主，如模仿山峰，個個欲稱雄，誰知一山還有一山高，人人欲稱霸，誰知上面還有一個太陽最偉大，光明普照，不求回報。是故我們修行學佛欲成佛，就是模仿佛心，言行一致，普渡眾生，諸惡莫作，眾善奉行，不是要模仿學習神通，也就是要直接模仿太陽之心境，沒有任何的執著，大慈大悲的佛心永遠常在。須知任何一絲的執著、看不開，皆會形成業力再輪迴，任你中脈貫通，具備了交通工具、佛體、星光身，可以到外太空最高靈界，仍要在仙佛境界最低的星光世界輪迴，逐年逐月洗去心中的執著時，才能離開星光世界，直達理界天以上各天界，而不會再輪迴，這時才是真正的擁有永恆的生命。可是在星光世界時，又會被那兒的美麗所迷惑，欲了脫生死，拋棄執著，恐怕又比這個物質世界更難了。

一般居留在星光世界的仙佛，大都以這凡間修行者居多，其修行方法，為使中脈能夠或大或小貫通之方法者為主，如：梅花門及道家之腹部呼吸法，崑崙仙宗及其他各家之通三焦——走火路，即由於運行心臟路線，無形中打開滯塞靈魂成佛之路的——心竅，另外也有修靈動的大旋轉，沖開心竅，比較危險也比較容易入魔恍惚，心竅以上各路線也未必能打開。其他尚有藏密或瑜珈修行法之逐點觀想各脈輪……等等。修通靈魂之路，雖然可以成仙成佛，卻沒有修心，拋棄所有執著心，仍需再輪迴，而這一點，由最高之最高靈界下來，轉世救劫的瑜珈修行法即有述及，一般宗教雖然知道，卻不知認真去實行，口說而已，真正遇到考試時，才會知道看開執著不容易啊！尤其是目前物慾橫流之時代，又任你修得神通廣大，也只不過是一座高山而已，反而執著在神通的高低裡，永遠沒有辦法明心見性，自性無法顯現。執著不能看開，輪迴常在，令人嘆息！修通中脈，具備佛體，此才是密宗真正的即身成佛，再加上修心，此亦才是道家真正的性命雙修，佛道同理，缺一不可。

四、生理現象：

腹部呼吸法，目的清除胃腸雜質，剛開始七天內會下瀉，沒有關係，刺激性食物勿吃，如：蒜、蔥、辣椒之類。下瀉情形太重，可吃一些強胃散，保護修補胃壁。

觀想金光鑽旋轉時，實施期間，氣會往上沖，胸口會有壓迫感，頭部會發脹、脹痛，不痛沒有效，最多一個月即癒，此乃旋轉中脈，會無形中也將督脈旋轉上沖，故有脹痛之感。當督脈到頭頂之脈道打開時，平常會頸硬，尤其用腦集中思考後，乃自然現象，吃藥無效，少用腦即恢復，頸硬乃頭後已有一光圈，如同佛像所繪。當中脈全通時，以後會時刻覺得，頭頂有一股氣，直沖雲霄，好像整個頭頂拿掉一般，平常頭部重重的，又像戴帽子，但不會脹痛，若會脹痛，乃中脈尚未全通，中脈全通時，則由頭到腳，已有一大星光圈環繞，此兩條脈道皆通，全身光氣更強佛經、道經裡面所言之：佛身上放出光芒。即是指此，不用觀全身放光，自然而然已在放光。

若左、右乳下會抽痛，為左右脈氣暢行之故，只要手心按之，兩分鐘即癒，此乃一般婚後者，於行房後，食物營養補充不夠，較常見之情，為太耗元氣之故，一般皆謂：心臟抽痙。部位痠痛，呼吸喘不過來，只要吃幾片高麗人參補氣，及吃約五大片海帶，三粒番石榴，以補充礦物質即癒。以後房事後，最好同樣吃一次，恢復元氣很快。但番石榴勿每天吃，以免過量帶來壓力、財阻、脾氣不好，吃適量可壯筋骨。另外，有時身上肌肉，或臉上肌肉，會無緣無故跳不停，原理同前，吃藥無效，也沒有必要。其餘請細看注意事項。

五、成佛原理：

由人體生理解剖圖，吾人可知，頭頂正中有一個大洞，正是吾人靈魂出竅之所，而靈魂藏於小腹部內，由下而上，須此中脈貫通，才能經過心臟、心竅、陽維穴之變電壓，除去陰氣，變為陽氣，才能成仙成佛，亦才能擁有交通工具——佛體、星光體，回到最高靈界。假若此中脈有堵塞，胃腸太多雜質，心竅不開，靈魂唯有循著，背後脊椎骨而上，即督脈，由印堂、前額（即雙眉中間）之小裂縫出去，陰氣未除，沒有此交通工具，只好當靈鬼，永墮輪迴。而一貫道點傳此印堂之處，此為外玄，不是玄關，若知原理構造，才不會浪費時間，須知中脈此路最直而不走，卻繞圈子走任督兩脈之路線，不除陰氣，如何能成仙成佛啊！枯坐一生靜坐、練氣、貪愛氣行如蟻、如絲、如熱浪，胃腸不清皆徒然。

六、臨終救渡法：

臨終斷氣之際，逝世之人，雖口不能言，但心中清楚且驚慌，有聲響皆會變得很大聲，家人切忌哭叫，可用心念示其不要怕，心念即閉口，在心中、口中喊向對方，自然能聽到，此心念乃靈魂體之對談方式。

再迅速念力高者，或集眾人之念力，站立在死者腳前方，睜眼目瞪，嘴緊閉，雙手緊握伸出食指，搖指向死者，意念觀想其中脈，由下而上，有一道白光，或金光鑽逆轉而上，手指輕轉，一次又一次，快速默念「南無阿彌陀佛」，天主教可念「主耶穌基督」，依信仰而定，至少做十分鐘以上。由面貌之安祥如，及入棺之全身柔軟，可知吾言不虛。哭者無益，此法可速開其中脈，具備星光圈，願勿忽視之，修通中脈或督脈通到頭頂者，將來年老時，必瘁於頭部之患，若修通中脈者，無形中身體會更安康，增長壽命。

速成打通氣脈之原理及方法

吾人處於今日科學物質時代，凡事講求快速，講求原理根據，理論與實際配合，則知其原理，行事才能有速成，才不會時進時退，打通氣脈也是一樣。

學習靜坐、坐禪，或任何一個門派之練氣法，皆須對生理學、人體解剖圖、氣脈運行圖，有深入研究了解，才不會人云亦云，拿自己身體當實驗品，或修行原地踏步，時進時退。各門派之生理解剖、門竅資料，以崑崙仙宗最清楚，可惜未對外公開，須入門上表之弟子，才能得知，此乃仙宗規定。一般人能研究生理、人體解剖、氣脈相關書籍，則了解已足夠，剩下未知的，乃頭部內細部關竅問題。

人體各氣脈管道，本來即是暢行無阻如同小孩時期，只是在成長階段，日積月累，如同水溝泥沙滯塞般，氣脈由小塞至大阻，形成人體病變，此是一般人共同之情，打通的方式重點乃：放鬆二字。即是本篇主文——睡禪下沉法。

另外一種為出生後，皆處封閉狀態下之氣脈道，包含有：中脈——即由小腹部到頭頂正中之一直線。此脈打開，全身自然有星光圈罩著，由頭到腳環，生理現象，時時刻刻頭部重重的，不會痛，但好像戴一頂帽子，心臟在中脈之線的心竅，會感受重重的，空腹時最明顯，由於此脈接通天靈氣，若意念集中思考、持咒觀想，很容易接收天地間靈氣，一小時胸部即會脹滿元氣。相反地，若談話過多，即虛耗元氣，會咳嗽清痰多，尤其在夏天，只要深呼吸五分鐘，觀想天地山川靈氣吸進來即可，或吃一顆糖。以上為進出之故，吃藥無效，為正常狀態。平常用腦過度時，頭部也會發脹，但休息一下即會恢復。

尚有督脈——即由尾椎骨到頭部正中間為已開。但在頭部正中，到頭頂止，這一小段脈道亦呈封閉，若此小段打通，則無形中，頭部即會發光氣，如同佛像所繪，有一個小光圈；生理現象，為時刻頸硬，用腦後更是頸硬難受，尤其近六十九年以來，此六年之氣候，忽冷忽熱，一脹一縮，使氣血上沖，頸硬的人甚多，非血濁之故，乃此脈道已打通之故，吃藥無效，但用腦過度，氣血上沖，力量太大，有高血壓、腦中風之危，若中脈打通，則可分散上沖之力，不會受頭部脹痛之害；少用腦，意存雙腳，使氣血下行，此為消極之法，將來腦科醫生，大發財利為時勢所趨。一般對社會有貢獻，用腦過度而頸硬的人，未修行卻也能具備小光圈，此即是相對回報。中脈則除非是修行者，否則欲全通乃不可能，而且將來年老則瘁於頭部。中脈已通之人，則不用再守丹田，以免熱量，能量蓄積過量（少量尚可，即每日守丹田二分鐘。），氣血上沖有危險。和崑崙仙宗束入骨髓一樣，好像人體帶一個少彈。此條督脈之小段部欲打開，和修通中脈一樣，用旋轉逆上即可，詳看前述「成佛之原理及方法」。一般修密宗，觀想本尊坐頭頂，也能打開。

另外就剩下在頭部內，由中脈到雙耳、雙目及印堂上方額內（第三眼）之管道也是封閉。若開通此眼，即能見到陰靈、吾人光氣、星光體之身體，若中脈未開，只開通督脈到此眼，則看元氣、能量之多寡，只觀察到陰靈而已。若開通雙耳是天耳通；亦即中脈打開後，欲修其他皆較容易，修此耳、目之法，不能操之過急，會生弊害，過急求快，眼壓過高，有瞎眼之危及耳聾之害。有閉目之旋轉法。及睜眼之目視一點法，皆不能太久。雙耳有旋轉法及遙聽法。修印堂上方之第三眼，有旋轉法、念力集中法，此旋轉法即是內視法，閉目靜坐，藉能量、元氣之集中而衝開的。若外修法，即將念波觀想集中在外界，此法耗元氣，脈道打開亦較緩慢。若印堂處重重的，自然會有一道光氣射出。一般人皆一樣，睡前看書用腦思考會睡不著，乃是氣血上沖，集中在印堂未散，不能放鬆之故，只要意存雙腳，自會氣血下行易入睡。而此處所指第三眼，乃前額裂縫之內部，一般人皆封閉。打開後，靈界助能靈視、透視。

一、速成打通氣脈之方法——睡禪下沉法。

1.於早晨睡醒時，或午睡醒時做。橫躺於床上做。枕頭拿開，閉目做，全身放鬆，雙手平放，順乎自然，臉部朝上。宜前一天晚上早一點睡。次日自然早一點醒來做。由於此法剛開始時，會無意中睡著，故若須上班或有事須做，須以鬧鐘定時。此法取剛睡醒之理，乃剛睡醒時，體力最足，且由於睡眠之期全身放鬆，使得雜念於實施時降到最低；一般靜坐時，雜念甚多，若皆固定在起床後做，則成效最大，否則妄想多，白坐無功，尤其睡前做，或看電視後；肌肉緊張未放鬆，皆會形成反射作用，製造雜念。

2.閉目、全身放鬆後，先深呼吸三到五次，（在做的過程中，會無意中呼吸停頓下來，氣較喘不過來，可再深呼吸三到五次。）意念想著：雙肩下沉，雙手脫力、無力，約五到十分鐘，自然感覺，雙手痲痲的，此乃氣灌雙手之故。然後把意念移到雙腳，逐一由腳部、小腿、大腿、腹部、背部、頭部，由下而上，由腳到頭，每個部位同樣此法，想像下沉、無力、脫力各五分鐘，當蓄電量達到飽和時，最慢約七天，放鬆下沉的部位，會有氣走如蟻的感覺，癢癢的，由腳往頭部走，勿抓癢、勿分心，仍舊一直想著：放鬆、下沉……。每天至少做半小時到一小時，不能中斷。到臉部皆癢，即算全部打通。余當初明白原理，研創此法時，做了一星期，開始氣走如蟻，是在一小時內，全部打通的，當時三十一歲，已婚。以後教導他人打通氣脈，有的以分段法，逐日打通一段一段的，約七天內全部打通。

3. 臉部皆癢，氣脈大致上已全打通，此後欲做此——睡禪下沉法，可以用普通坐法，坐椅上或普通盤坐，背部靠牆壁易放鬆皆可以。若繼續躺著做，容易昏睡，效果不彰。至此，體內氣脈已不同往昔，欲傳電給他人，已具備較多的本錢。一般到此為止，繼續做是不必，偶爾做即可。且全身氣脈打通後、癢過後，以後氣行不會再有感覺，有滯塞才會發癢，即氣走如蟻。當然有的人練氣功，能運氣如熱浪，循環任督二脈，束氣如絲，則須下更大的苦功，而入門之根本，為守丹田、生熱氣，乃元氣能量之凝聚，亦非此一朝一夕，七天可成之功。

二、速成打通氣脈之原理。（氣即是人電。）

人體內傳達訊息，皆賴神經系統及體內正、負離子導電之傳導，尤其體液佔百分之七十，為傳導之主流。其中包含：電解及非電解質；如：脂肪、膽固醇為非電解質，沒有導配之特性，其必影響傳電功能，謂之形成電流導電之阻抗，亦係降低導電度之主因。氣即是人電。而氣血本同行，人體若某器官導電度降低，甚至不導電，謂之：管路堵塞，器官病變。假若氣脈打通，及人體內非電解質減少，阻抗減小，則人電必然增強，氣脈管路、神經系統傳達，及氧分營養補給，必然暢行無阻。因此可促進新陳代謝，壽命增長，一般算命論疾病不準，此又是理所當然之事。

形成阻抗增加，導電度降之原因有：

一、人體內脂肪、膽固醇及其他非電解質含量太多。

須素食為宜，否則把肥肉、蛋、海鮮……等高膽固醇少吃。平常宜多吃蔬菜，幫助消化；一般喜肉食，不喜吃菜及運動者，必於將來生高血壓、腦中風。其次飯後須喝湯或開水，幫助循環、消化。一般少喝開水者，其體內之體液濃度必較高，比別人混濁，形成腎臟、泌尿系統及其他器官，容易結石。

尚有其他生活上之普通常識：

如：易心理作用緊張者，必生胃腸之患，乃胃酸分泌過多之故。只要早、晚，或至少早餐喝一杯牛奶，有稀釋胃酸健胃之效。緊張時喝開水，可中和胃酸，防患胃腸潰瘍之毛病。有的人，全身氣脈較旺，或心理作用，上台唱歌、演講、說話，會有發抖，言詞顫抖之情，令人氣餒，很簡單，只要先用六十W電燈炮，距離一尺，照射印堂——雙眉中間，閉目緩慢呼吸，觀想將山中靈氣，由全身毛細孔吸進來，做十分鐘即可。（若做七天以上，由於熱溫乾燥會流鼻血。）你會發覺，講話生動有力，欲罷不能，判若兩人。一般此種人，其會陰穴之陰電，皆較發達，分泌強，練精化氣生陰電，使全身發涼冷，乃生理影響心理，不是真正心理怕怕，也不是神經質。常提升陰蹻——會陰穴之人，全身會較涼冷，與此理相同。而假若停止，則即恢復。還是以打通中脈，具備佛體、星光圈，才是永久性。

又氣脈打通後，若續用普通坐法，做睡禪下沉法，「會陰穴」會自動跳動不停，分泌陰電，練精化氣，陰電一多，全身發涼冷，容易感應陰靈，須留意陰氣重（陰電）引來邪靈，若有時，或一般室內不潔有陰靈入祟者，只要依前述照射電燈泡三天，即能無事。或睡覺時，將電燈泡照向怪異之處或寢室門外，自然可防患。此乃電磁波之頻率，能射傷減弱陰靈之陰氣。但另一方面，有的人室內裝設過多的美術燈——電燈泡，結果室溫高，使人虛火上升，胃酸分泌過多，皆生女。

另外，任何飲食過量，皆會形成胃腸負荷過重，逐漸降低胃腸消化功能。唯有適量飲食，定時定量保護胃腸。還有時代之副產品，污染及食物毒素多，唯有固定至少每個月絕食一次，多喝開水，以清除體內毒素。其餘詳看前述「如何改變命運」。

二、虛火旺，促使心浮氣躁。

虛火含：肺火、心火、腎火、肝火，促使血燥，相對氣脈管道亦浮燥無法凝聚，無形中修行各種打通氣脈法，皆打折扣，成效低進展慢。形成虛火之理，乃熬夜、遲睡、房事後，及常吃燥熱食物，住宅太熱，常於太陽下工作等，虛火上升，使肝臟所藏營養大量消耗，解毒功能降低，元氣不足，當然無法迅速有成就。故降虛火乃為優先之事。其次為了蓄電，儲存能量，以便收速成打通氣脈之功，須於此約七天到半個月內，房事暫停。並每日吃海帶二片，番石榴二粒，連吃三天，以補充礦物質。另外早晚配合做：以意念提升及降下——會陰穴陰蹻，即肛門與泌尿器官之中間，升降算一次，早晚各七十二次，功用乃練精化氣，增加體內蓄電能量，此陰電有補助之功。食物上，少吃血燥之物，如煎炒、動物胃腸、血類。以正常之作息，不熬夜為最重要。其次乃節慾，由房事後的口乾，可知房事後皆須降火、多喝開水、補充礦物質營養等，否則無形中，由於虛火旺，尤其夏天，脾氣煩躁，無法控制，口舌、紛爭難免，已婚之朋友，留意體會便知。而且虛火愈旺之人，愈傾向色慾強，製造家庭問題，想要控制自己都不能，所以桃花色慾風波之人，根本上要改變的話，要配合降虛火，由體質上著手，太太可多煮一些退火食物，反使虛火上升之多種原因消滅，則自然家庭一片和睦，進而減少社會問題，乃國家之幸也。若每日做仰臥起坐十次，亦可分泌更多之陰電，安定神經，幫助降火氣。

三、肌肉太硬，沒有放鬆。

任何練氣法，如：太極拳、外丹功、靜坐、形意拳……，皆極重視“鬆字訣。原理乃：氣血本同行，肌肉太硬，沒有放鬆，氣、人電之傳氣、傳電功能，自然降低。而促使肌肉放鬆之輔助法有：瑜珈術之各種柔軟筋骨法，站立振動法，及運動器材行之馬達振盪器——美體機，但皮帶置頸部、頭部勿超過一分鐘，以免精神恍惚、散財。又吾人靜坐時，若先注意雙肩下沉，全身放鬆，則入定更決。乃吾人緊張、有雜念時，會自然雙肩上提，使肌肉緊張，產生反射作用而生雜念。有的人臉上或身上之肌肉，偶爾或時常會自動跳不停，其實無病，乃氣脈暢行，及由直行氣脈管道，轉角所造成，只要以手心按之五分鐘，跳動處，想像放鬆、下沉、無力，自然打通小滯塞之脈道。若心臟抽痙，即左乳下抽痛，乃元氣不足，及左脈轉彎所造成，房事後較常見，多吃礦物質，及手心按之五分鐘即癒。

四、清除胃腸雜質。

人體內胃腸雜質最多，故於清晨睡醒時做，成效最快，氣脈在空腹最暢旺。清除胃腸雜質方法有：每七天吃一次鳳梨；腹部運動、仰臥起坐，腹部吸脹呼縮法等。

五、氣溫及二十四節氣。

修睡禪下沉法，在夏天炎熱時，成效較慢，在冬天、寒冷地帶，則成效快。乃施此法時，脈博會減緩，血液循環減慢，血壓降低，無形中提升人電之傳電功能，若血液循環快、血壓高，則亦是阻抗之一種。在夏天則血行加快；在冬天或冷氣下，寒冷地帶、山上，則氣溫低，使血行減慢，提升人電之導電度，降低阻抗，能夠迅速打通全身氣脈。

其次二十四節氣，如：立春、立秋……等，於交節氣前三天，地氣下降，有幫助下沉法之修行。若交節氣後三天，則地氣上升，為幫助修行成佛之開中脈、督脈。

以上所述原理根據，有興趣之讀者，若欲查資料，可讀：生理解剖學、電工學、有機化學、物理學第四冊、崑崙仙宗書籍等。

又氣脈打通之法，是否能治百病呢！

非也，氣脈打通如同：清除淤泥。假若器官敗壞了，已失去功能，形同廢棄物；或巨石擋住溝渠，即器官病變——結石、生癌，則病入膏肓，難以為繼；氣脈打通之法，難以痊癒，但至少可以延續生命。仍須配合藥物治療，以收全功。世人不明，誤以氣脈打通為萬能治百病，則觀念錯矣！

氣血本同行，氣旺血暢，自能增進人體器官之新陳代謝，增強抵抗力，自保安康；

但由於氣候之變化、冷熱不定，吾人難免易受風寒生病，雖氣脈打通者，亦難免疏忽，造成感冒。只是知配合自療者，則癒之較快。但若打通中脈則不一樣，常於思考、集中精神後，不知不覺吸收天地間靈氣，胸脹氣滿，且從此遠離感冒，沒有再患。

吾人感冒鼻塞，乃由脊椎骨往上延伸到頭部之督脈，（崑崙仙宗謂之：風路。）再延伸到雙鼻之兩條脈道有滯塞，會運氣者，只要運行任督兩脈循環，一小時內癒之可見。又譬如：感冒咳嗽，乃肺部氣血循環有滯塞，只要以雙手心按覆在胸部，偶爾輕振一下，約半小時到一小時，連續三天自癒，此三天內，痰量會增多乃清除之故，但若已咳嗽半月以上，則須約五到七天內，才能痊癒。此理乃：手心傳氣、傳電最多最快，阻抗最低，能輔助患部新陳代謝，如同：吾人頭痛，會自然而然，以手捧頭，無形中減輕頭痛，若小孩生病，配合藥物及手心傳電傳氣之理，皆能很快三天內痊癒。生病時，以手心按覆胸部，可加強胸腺之新陳代謝，促進免疫系統製造抗體，對付細菌之侵害。（胸腺乃身體的免疫總部。亦是抗體製造的總工廠。）

擇日——天時

擇日一般世俗通稱為：日課。於上天靈界而言為：天時。擇日最主要的目的：乃為選擇一個好的開始。因應好的開始，成功之一半。

世俗傳統，擇日都以農民曆為主，可謂家家必備之通書，逢大事一般都請教寺廟神明、仙佛，或請命相家或地理師選定，故命相家於算命卜卦之餘，不得不深研擇日學。而目前習俗擇日，大都以三合理論為主，已根深蒂固，無論正確與否，已不易移改，尚有以六十四卦取其中六十卦，配合六十甲子，再依一卦純清（卦運相同）、生入剋入天卦五行……等之擇日法，難免令人眼花撩亂，不知所措。以前我所應用的擇日理論，皆以該人之運程擇吉為主，再配合傳統之三合理論，農民曆之好日子等。擇取該人之流年吉月吉日，則凡事順遂，再配合傳統理論及農民曆。若安葬，則取：合祿、合馬、合官星。如：甲山取甲寅日為合祿。甲申日為合馬。（寅午戌馬在申）庚寅日為合官星。庚申為合馬、合官。又甲山則取甲年甲月。午山則取午年午月或取該年之年月等。

前面開頭即已述及：擇日乃為選擇一個好的開始。無論嫁娶、安葬、搬家、新居落成、納采下聘、開市、破土、動土……等等事情，皆為一個新的開始。配合上仍以天、地、人三者配合，才算十全十美。譬如：安葬若得地理靈氣，該逝世之人及後代子孫皆積有陰德，再配合天時安葬，納卦合元運，則三者皆備，後代子孫才能富貴連綿。一般人不是缺其一，就是缺其二。

本文所述之擇日方法，乃天界仙佛應用於物質世界之擇日法，為元靈辦事時，斷斷續續示知及讓我體會的，加上有實例印證，及其他高靈仙佛，亦同樣如此擇日，並非我所研創。才知道此乃是真正的正確擇日法，而且很多事實對於愈高靈界而言，所表達的方式，皆用很簡單的一個字或表象來顯示，譬如仙佛劃符，有的黃紙上，寫得龍飛鳳舞，不知寫何字，可是仙佛一看，原來上面灌注，上天靈氣，寫了壽字為壽符。也有黃紙空白一張吾人不知有何作用，可是仙佛用佛眼一看，馬上在黃紙上，浮出一枝劍之影響來，原來是避邪的劍符。

此天界仙佛應用之擇日法，當然有原理可尋，而且很簡單，但卻不容易讓人研究出來，原理：乃選擇一個好的開始。包含：一個月裡，天地間靈氣最旺的日子，即交節氣後三天內，為大吉日。尤其配合月圓附近之交節氣後三天為最佳。時辰方面：依時間之音意，配合時頭，選擇好的開始，或時中取其意，如：上午九點代表永久或是到了。若中午十二點半，則為十二的一半，為六六大順。由於仙佛辦事甚重視天時，有時候吾人拜拜，或廟寺法會以杯筊請示，結果皆無回答，其實乃時間問題，若依本文時間，擇吉辦事，則不會造成吾人及仙佛間之難以溝通，本文亦可算是，吾代替天界仙佛傳達訊息。有些人若擇日常請教寺廟仙佛，配合本文，您會恍然大悟，原來仙佛擇日，皆以交節氣後三天為主。配合時頭，如：九、十、十一、十二點等。若選擇時中，如：十點半為五及五，乃雙雙對對之意則在十點三十分辦事，須一分鐘都不能差誤。若時頭較無大礙，如：上午十一點正，代表雙雙對對，若十一點一分，則為雙雙對對之夫妻，名列第一。若結婚者入洞房，於十一點最佳，皆將詳述後面。只是由於世俗應用問題，欲馬上全部更正過來，亦非容易之事。最起碼大吉日須配合，加上時頭。再配合農民曆之吉日，順應一般世俗。當若編撰農民曆之諸先生、女士們，能將交節氣後三天，書寫為：大吉日、凡事皆吉。則將省下不少麻煩。與天界仙佛、寺廟有連繫者，可請示仙佛，即知本文不虛。

茲述之「天界仙佛擇日法」如下：

(1)六十甲子，取甲子年甲戌月，寒露後第一日，為最大吉日，為六子的開頭，並非甲子年的立春。乃甲年甲月。寒露後第一日，須包含上午零時到中午十二點在內。譬如：寒露在寅、卯時，則該日為可用；若寒露（其他節氣一樣）在申時，則須次日才用；乃取上午為一日之開始，漸生陽氣之意。鐘錶之時間，以電視新聞台為準即可。此影響深遠，六十甲子的開頭，以神像仙佛之開光點眼最佳。

(2)一年內的選擇，取天、地、人配合，譬如：安葬以吾人積德行善為主，含已逝世之人，尤其後代子孫，有損德者，可功過相抵。配合地理靈氣結穴，立向合天時。如：甲山則取甲年甲戌月，寒露後三日內，第一日最佳。乙山則取乙酉月，白露後三日內。若寅山則取寅年寅月，立春後三日內。卯山則取卯月，地理立向，配合天時。所取的日子，一律以交節氣後第一日最佳，其次交節氣後二日內並非甲山則一定要甲日，乙山亦非一定要乙日。

(3)一年十二個月裡，每個月的大吉日，為交節氣後三日內，此時地氣上升，天地間靈氣最旺；尤其接近月圓，農曆十五日的交節氣最佳。其中十二節氣比較，又以立春、立夏、立秋、立冬等四個，為地氣上升最旺，天地間靈氣最多。凡事皆宜。行事舉凡：開市、新居落成、嫁娶、安葬……等，皆為吾人之新的開始，配合天地間靈氣旺，新的開始之曰，加上地點好，地理佳，則天、地、人三者皆齊備，一致為新的開始，才算是十全十美，若配合吾人氣色上之新陳代謝更佳。假若開市、新居、安葬……等，該地點、地理欠佳，則雖然擇日於交節氣三日內，佔有好天時，亦不能催發富貴及平安無事。

(4)靈界辦事，逢四十分後的二十分鐘內皆停，為時尾，亦為恐之意。如：七點四十分到八點。八點四十分到九點止。靈界辦事擇時，必擇取一個鐘頭的開始。為時頭。如：六點、七點、八點正等。若吾人逝世，大都取四十分到四十四分。若回到天界、高靈界逝世者，則都取上午八點判到八四十四分。八點半，為八的一半，乃四和四之意（死）。當然也有的，在他時間；一般若回到天界，都取上午零時到中午十二時之間。若死者沒有打通中脈，具備佛體，則落陰歸冥府管轄，都取中午十二點到晚上十二點止。此乃一陽一陰之別。

而所擇取之事，為活飲用，如：開市、嫁娶……，則盡量以上午為原則。若為逝者之用，如：安葬。則下午最佳，當然上、下午只要吉時皆可。乃取其一陰一陽之別。若所處理之事，時間較長，如進洞房、拜堂、新居落成、安葬……等，都以時頭為主。如八點、九點……。若所處理之事，時間短暫，則取時中，如十一點半為第一。十二點半為六六大順。於杯筊請示時可用，但須把握一分鐘。實際上此並執著之意，乃天界辦事合天時。至於國外之仙佛，是否如此擇日，也是一樣。只是在天界以中國人修成之仙佛最多。讀者可由一些教宗、特殊身分之修女，來華訪問時，安排與各界人士見面之時間，對照本文時間之含意，及配合何人即知。此並非其本人之意，乃無形中受到後面元靈安排會面。

(5)嫁娶最佳時間：新娘上車取上午九時或十時、十點半、十一點半。取九為永久嫁出去，不要再有哭鬧回來。十點為合十、聚會之意。十點半為五和五，雙雙對對。十一點也是雙雙對對。新娘入翁家大門，入洞房取上午十一點最佳。次十點半、九點等。

安葬：取上午九點、十點、十一點半（第一之意）、十二點半、下午一點、二點半。其中以一點最佳，次上午九點正。其他破土、動土、開市、安神位、謝土、掛匾及招牌等均可以。移徙：取上午七點（除去之意）、九點均可。其他凡除去不要之物皆可用。如：拆卸、拋棄舊床。

安床：入宅（新居落成）：取上午六點、九點、十一點皆吉。

開光：配合一般世俗，沒有法力，而形式上之開光典禮，取上午九點、十點、十一點半、十二點半。以九、十點最佳。若真正的開光，為高靈界賜下天旨，在晚上十一點拜天公，十二點正，開始開光點眼，入神明或仙佛。

祭祀：若祭拜祖先，取上午十點半及十一點最佳，大家一齊跪拜，雙雙對對之意。若十點半拜拜，則十一點正，一齊跪拜，以杯筊請示燒化金、銀紙。其他如：齋醮。寺廟仙佛擇時日，亦都會依此原則選定。

⑹各時辰之含意：

白天和晚上之數目字，含意皆同。

清晨一時、中午一時：為第一。最佳之意。若中午十一點半，雖為第一，但尚有二人相爭。和兩點半一樣。若一點半，乃為第一的一半。

清晨二時、中午二時：為雙雙對對，亦為第二之意。

清晨三時、中午三時：沒有特殊意義，對於仙佛言，為一二三到台灣之意。若三點半，為修行上只達到一半而已，此指仙佛投胎台灣者而言。

清晨四時、下午四時：為死之意。上午清晨的四點，其後為死而復活。下午四點則不妙，曾有某些朋友打電來，在下午四點正，未開口問前程，余即依天時先向其說：你目前運程很糟，對不對，果然如此，以後在某日下午四點四十分又打一個電話來，余直接示曰：你目前恐怕已難關重重，難以排解，貴人全不見。果然沒錯，千萬元負債，被債主逼得走投無路，法院官符上身。若四點四十四分則死定了。若讀者能善用此天時含意，他人一開口請教事情時，先看一看手錶，心中已知大概，除非問者，知此原則，故意找麻煩。又如欲知未來展望，如前例：在四點二十分請教，則已很倒楣，算到四十分，有二十分鐘的時間，可論為二十日後陷於困境。每一分鐘，可用一日或一個月或一年來代表推算，細密一點須注意幾秒。依當事者當時之情景而看。又若有人請教婚期，若在中午十一點三分，則十一點為雙雙對對，差三分鐘，代表須三個月後。也許可能再等三年，可以示之曰：若三個月後正緣未臨，則須再等三年。此法則可做為參考，準驗甚多，也甚簡便。若讀者有命相服務，則將來客踏入門之時間記下，心中已瞭然。以動者、來訪者為主，朋友交往一樣，不會算命的朋友，此法則會用，也算是多一項本領。

清晨五時、下午五時：為我之意。代表自己。若五點半，則為我所做所為之一半。若拜訪他人，五點四十分以前離去，代表我死之前已得到之意。訪道一樣。

清晨六時、下午六時：為六六大順之意。大吉。若六點半為只順一半而已。若上午六點四十分到四十四分，則代表順遂之中，有遭遇到小小挫折，於四天或四個月內會解決。若四十三分，則三天內或三個月內會解除難題。以四十五分後漸順而推算。

上午七時、下午七時：為除去、拿掉、起床之意。一般皆用在除去髒物，拋掉廢棄物。若七點半，為除去一半而已。

上午八時、下午八時：代表號角聲、喇叭聲，為警世作用，代表一天的工作開始。一般則用升旗典禮、唱國歌。

上午九時、晚上九時：為永久之意。亦為到了、到達。若九點半，則為永久的一半，只到達一半而已。

上午十時、晚上十時：為合十、團圓、團聚、見面之意。一般久別重逢的安排用之。若十點半，為五和五，代表雙雙對對之意。

上午十一時、晚上十一時：為雙對對，萬年都富貴之意。常見於嫁娶進洞房。若十一點半，則為第一之意，但有經過競爭再得到第一之含意。

中午十二時、晚上十二時（零時）：為開始之意，中午的十二點，代表日正當中，旺之意。若十二點半，為六和六，代表六六大順。

若用於安葬，則須擇日包含：破土、安葬、謝土、移柩。另有入殮、啟攢。若移徙搬家，另有神位的出火，皆須搬家前數日，上香時間向神明、祖先示明，何日搬家，以免有的祖先神通不夠，找不到子孫新居，留原址徒生麻煩。

茲附上嫁娶之表格作參考。

新郎民國　　年　　月　　日　　時呈祥

新娘民國　　年　　月　　日　　時獻瑞

乾　　造

		日元	

坤　　局

		日元	

婚　　課

1. 配合八字喜用神。

2.

3.

年	月	日	時	分

先生　錦堂雙璧合

小姐　玉樹萬枝榮

納采送聘：國曆/農曆　年　月　日（　日）星期　。時辰不拘

（　時參用　—　）沖日　、　、　歲。

安床擇於：國曆/農曆　年　月　日（　日）星期　時。

（　—　）取上午/下午　點分。沖日　、　、　歲。沖時　、　、　歲。

進洞房擇：國曆/農曆　年　月　日（　日）星期　。　時。

（　—　）取上午/下午　點分。沖日　、　、　歲沖時　、　、　歲。

牽進伴郎伴娘忌　、　歲。及　、　、　歲。

安床之日勿獨睡，宜請一人同睡。

孕婦及月內人勿入洞房。新娘上車，取上/下午○○點○○分。

安床擇位宜詳細，門門逢元保平安，零正顛倒禍旋踵。

司螢居士謹擇

我所知的靈界及修行點滴

在浩瀚的宇宙中，任何事物，都存在著正反兩面，一陰一陽、一正一反、日夜、緊鬆、順逆……等，維持了自然界的平衡，有有形的物質世界，必另有無形的精神世界相對應。於吾人而言，身體的結構及動靜一切，如同一個小宇宙，欲洞悉宇宙間之奧秘，須先反觀自己，研究吾人生理構造及其他一切，有形的血液循環，如同江河、溝渠；骨骼如同山脈之礦石、礦產；肌肉如同各類土質成分；皮膚如同地表；體毛如同樣木、花草；肝臟如同大海之沙礫，負責大自然的解毒清淨功能；心臟之跳動，如同地殼中岩漿的活動，產生地熱，生生不息；肺部呼吸，如同大地之風動；發燒如同火災；腎臟如同湖泊；手腳屈曲，如同山脈走勢，環繞衛護；針灸之氣脈，如同地氣之行走，人氣、元氣就是類似地靈、地氣，泌尿處就是穴場，地氣結晶，形狀分陰陽，故曰陰陽學。於吾人有人電、元氣，稱呼不同，實為一體一樣；於大地則有地氣、地靈，藉著日夜冷熱交換作用，交節氣及月圓、月缺之星球引力作用，使大地間充滿山川靈氣，乃為吾人元氣、靈魂體之補充來源，藉著念波，意念集中處事，而於無形中接收，於住宅則以大門為納氣之管道，故若前屋超過自己一樓以上，會有阻財、阻氣，外人來連累之情，譬如：自己為六樓公寓而住在一樓，前面若六樓以下則尚可，（古代三合院，前面庭院蓋屋阻氣，則就不得了！今時日不同，隨便矣！）前面若蓋七樓以上則為阻財路。吾人若單靠飲食補充元氣是不足的。於上天而言，在外太空，則存在著天靈、天氣、靈流，愈高層次之靈界，則心胸愈寬，心窗愈打開，愈看開執著心，具備大慈大悲佛心，則所接受之靈流、天靈就愈多，綜合共有天、地、人三種靈氣，以地靈輔助有形肉體，力量最大，使精、氣、神更聚集，故祖墳得富貴大地，可催發富貴。以天靈接收，輔助無形之靈魂體，（靈魂體之結構成分，就是吾人之元氣、人電。靈魂體之形狀則與吾人外表一樣，會隨時間而改變。已逝世之人，靈魂體形狀亦會改變，但比較緩慢，高靈界則能隨心念而變化。）其力量最大，超乎一切，故靈界有靈療，最高靈界之仙佛，有強大之道行功力，能替人打開心竅到頭頂之中脈，使人或陰靈能於五秒鐘內，具備佛體、星光圈，此才是最高及真正的超度，可是限於天律規定，未積功德者，皆難以破例，因應物質時代，投胎渡眾之仙佛甚多，而此次最高之最高靈界，因應仙佛最怕的物質時代下凡渡眾，據余所知，乃為千萬年以上之空前特殊情形，將來除非很特別，恐怕此情將不見矣！

近千萬年來，地球上歷經了多次的極軸變化，人類歷經了成、住、壞空。以近代而言，據余所知，有靈界之仙佛，道行有六千九百年，乃高靈界仙佛，以靈力從靈魂體之前面，抽調出一本書記載而知，故知近期之中華文化歷史，至少在六千九百年以上。古代在西歧為封神，今日在台灣——東岐，則為封仙，由此可知，此次誕生在台灣，廣積善功，其重大意義之不同。自從六九年以來，到七四年間，受到木土星交會，及大氣層受空氣污染而溫度上升，全球性的氣候不穩定，忽冷忽熱，氣血上沖，頸硬、頭脹者甚多，吃藥無效，此即無形中打通督脈脊椎骨，在頭部中間到頭頂之管道之故，有此情者，此時頭部後面已有一個光圈，如同佛像所繪，若打開中脈，則由頭到腳底，有一大光圈環繞。督脈之管道打開者，平時用腦思考，會頸硬、頭脹難受，印堂雙眉間會重重的。中脈全打開者，平常頭頂如戴帽子，光氣從頭蓋骨之裂縫、頭頂發出，故覺重重的。心臟中間之心竅（在中脈之管道上），空腹時會重重的，乃氣暢行通過之故，用腦過度，也會頭脹，但休息一下，馬上恢復，不會一直脹痛不停。且於思考或持咒修念力之過程中，無形中接收天地間靈氣，而元氣充足，氣脹滿於胸，到飽和時止，與人對談時，高壓跑到低壓，對方會在無形中受加持元氣。目前頸硬、頭脹者眾多，即是前述之封仙。

靈界的層次乃多重，依各人之修為及所能接受之靈山光亮強度，存在外太空之各天界，有些事情，吾人不能以物質世界之眼光來衡量，由小孩之沾上穢氣，使得靈體受感應，夜哭不寧，發高燒醫生束手等，即可證明，此穢氣指：如清明掃墓、路上遇喪家，或親友上墳墓或送喪後，回家抱小孩，摸小孩，即會傳遞、傳送穢氣，與人言談之間，念波亦會傳送，真是防不勝防。清除穢氣之法，乃青草店購十元雞糞藤，煮水泡入澡盆即可，最多三次，平安無事。若大人參與喪事或言談感染穢氣，體質清純者，亦會夜睡不寧，做怪夢、睡不著，使元氣消耗，引入肝臟解毒功能降低，體內充滿毒素、生黑氣，製造此不良氣色，而走霉運、損財、意外之災不斷而至。亦曾實驗過，凡大人、小孩受驚嚇，夜睡不寧，皆有神效。一般謂：親人逝世，會連續倒霉三年，即是此穢太重之故，皆須在出葬後，連洗三天，謝土後再洗二次。

靈界天界之最高層次，即是前述之，最高之最高靈界，具備的條件為，中脈、督脈皆全通，具備佛體、星光體，及不種下業障、業力，以免形成輪迴之因素，即此生不虧欠任何人債務，和看開一切執著心，具備大慈大悲之佛心，加上修行之功力、念力，能隨時隨地，接收天地間靈氣，以補充靈體元氣，收放自如，印證方法為，接收後，在肉體感應上，一分鐘內馬上元氣充足，氣脹滿胸，有膨脹感。有簡便方法如下，右手食指伸直，其餘握手心，右手臂朝上伸直，以身體為中心，右手指輕轉小劃圓，約直徑三公分左右即可，由右、前面、左、後面、右……轉動，配合閉目、站立，緩慢深呼吸，及觀想頭頂上外太空，有一太陽，將其能量吸進來，大約緩慢深呼吸三次後，以右手掌心，加持自己頭部，觀想有光源，由手心射入頭部、體內。

中脈打通，即是內成法已有初步成就，舉手投足皆是很強之光氣，不能隨便亂比，會無意中傷害到陰靈。意志力愈集中，則功力愈強，一般只要專心讀書，思考，或算八字、持咒觀想，即是在無形中修持念力。一般人若念力修為或修氣入頂門法者，於凝聚力到達某一個程度時，與人對談時，會將對方之元氣吸過去，馬上對方會臉色蒼白，如生大病，此即督脈到印堂之管道通暢之故，假使修通中脈，則因此條管道較大且向上，會自然在對談或處事集中時，接收天地間靈氣而不會傷到人。修密法氣入頂門者，中脈修通即是大功告成。若修崑崙仙宗者，則須留意：當修返照內視，內觀骨骼充電，無形中將氣、人電束入骨髓——黑洞，當功力達到某一飽和時，能發出很強之靈電，隔空點穴，傷人於無形，若是一時逞強與人口舌傷人，會種下業障，帶動輪迴果報，此乃天律或冥律規定，慎之！另一方面而言，將人電束入骨髓，此黑洞並非無底洞，若達到飽和、登峰造極時，或只達到一半時，此體內之人電壓力就很強大，須特別留意，中斷修行，以為已達到登峰造極，從此未再束入骨髓，由於中斷而放鬆，在三天內，會先有因元氣、人電由骨髓內釋壓出來，而胸脹之情，控制不住時，很快的元氣在高壓下，氣血加速往上沖，會立刻有頭部病變，白痴或斷腦血管之情，修此法門者，不得不慎！目前百千法門眾多，廣傳普渡眾生，有利有弊，任何修行，若未能徹底了解人體構造及原理、正確方法，皆會虛廢時間及有副作用。氣血上沖，腦部病變，能具備星光圈、佛體、仙體，卻須付出代價，壯志未酬身先死。假若先修通中脈，意念接通兜率宮、崑崙山、宇宙塔，即能接收更強之靈氣，使元氣充足，剩下的就是廣積功，普渡眾生。假若修此法門者，仍執著在肉體長生不壞、隱體上，則余亦無言哉！

崑崙仙宗除非正式入門，一般仙宗之修行書籍，對外並未公開，前述之修行登峰造極之情，書籍亦不見，除非修為很高之大師兄及親身體會方能知道。為普渡眾生，洩漏部分仙宗不外傳之秘；返照內視，骨髓——黑洞束氣。若有仙宗諸師兄、師姊見此，請見諒余之一片慈悲普渡之心。

亦有仙宗師兄、師姊或其他修行者，本來元靈已具備佛體，已成仙成佛，轉世投胎以後，由於慧根、佛根之故，四處尋訪修道，想修仙成佛，修行有誤時，只有讓後面元靈空擔心。據余所知，修靈電束入骨髓者，當有些收穫時，馬上該夜就有元靈來幫您釋壓——夢遺。當事者，心中難免惆悵，靈障多修道難，其實若知前述之理，則就知道元靈之苦心矣！當初余未明其理時，反而埋怨元靈，思來頗覺慚愧及感謝督促之心。

修東密四加行者，可增強念力，能將體內之元氣，藉著持咒、手印而加壓發射出去，修藏密本尊修持法一樣。但須知道，觀想本尊，乃只是將個人之元氣，隨著觀想而加壓成本尊形象，可增強功力。若念佛號，加上觀想自己化為佛之形象，則就是藏密或東密之本尊持法一樣。當功力、凝聚力，到達某一程度時，念力修為能傷到無形陰靈，欲達到仙宗之靈電傷人則不能，靈魂體則可以，有些修東密不動劍、彈指者……，未修佛心、慈悲心，又起分別心，見廟起乩，隨意以密法傷害神明，以為高人一等，佛法無邊，馬上退乩，誰知道廟寺之仙佛，馬上奏明玉皇大帝，（在各縣市之天宮廟，乃高靈界下來，地位相當於市長格，在靈界之法號則各不同。）在三到五天內，於睡夢中，馬上與世長辭，即使您用火牆、金鋼網護罩著，也是一樣，因為此法氣，只能阻擋一般陰靈、邪靈，若具備佛體、星光體之仙佛，則照樣能穿透。於此余深切盼望，雖然目前萬法廣傳，但負責傳授此東密四度加行之上師，能夠因人施教，先修佛心、慈悲心，以免欲積德，反而受弟子無知之累，否則亦能深切叮嚀，是所至盼。

修成東密四度加行或藏密持咒、淨土持咒加上觀想，滿百萬遍，功力已甚強，已修成基本之外成法。其他修道教念咒手印一樣。或研習八字之流年、流月逼進法，能夠活用自如，也能在無形中，意志集中而累積功力，此功力即是念力、念波。修道家之運行小周天——任督兩脈循環著，加上修持「雙眼集中法」（不能太久會傷神經），由於腦後視覺神經區，及雙眼視覺神經之開發，而得眼通，見到陰靈，但欲見到佛體、星光體則不容易。開發雙耳及腎臟之水路運行者，易得耳通。故一般修道家者，易得神通即是此理，原理乃：人電藉著念力凝聚而開通，滯塞之脈道。

若修靈動啟靈法，沒有靈界護法，則易招邪靈生妨礙，在超心理學會稱：潛能開發。加持方法，乃以個人之手掌心或併食、中指，由對於之頂門正中，或印堂前裂縫，傳送人電過去，當人電達到飽和時，於腦部會有放鬆之效果，進而產生全身放鬆，若站立修持，會先全身前後擺動，若加上自己默念觀想，佰身隨意動，譬如：觀想太陽，會自然繞圓轉動身體。若有靈界引導，則會丁神拳；體內有病，則會以特殊之手法、按摩、拳術、默穴、加持、靜坐……等，引導修持，以通暢氣血，使達到治病之效果。

基本上而言，修靈動法，假若你心存抗拒，全身不放鬆，還是動不起來。由於打通氣脈之理，乃在：降低阻抗，提升人電之導電度。假若阻抗太大，即：肌肉太硬，常吃魚、肉、血濁，雜念太多未能放鬆，當然就會降低人體之人電的導電度。修太極拳，氣聚丹田，及外丹功、靜坐等，凡練氣者，最講究的，就是放鬆二字，原理在此。

由於修靈動法，乃一箇便法，今日萬法廣傳之際，藉此法門傳授者居多，但亦易入魔障，最大的問題即是，修靈動時，心中無我、無念，很快的易造成精神恍惚，先記憶力有退，若走霉運時，易受到邪靈侵入，左右思想，偶爾示知未來而準驗，誤以為已得到神通，從此步入魔難。倘若在有仙佛衛護之大廟寺修持，則較不會生弊。在家佛堂神位前修持，則不一定就安全，除非有正神坐鎮。

前已述及：欲靈動之基本條件，就是全身放鬆。茲述示一快速啟靈之簡便法，所默念之詞句，在觀世音菩薩之普門品內有書寫。還是須叮嚀一句話，欲修此法門，不能在家裡，須在大廟寺中，先祈求靈界仙佛護法加持，則不會生弊害。所有的靈動法，若加上觀想默念，則真空不空、真空妙有，才不會造成精神恍惚，予外邪有機可乘。

⑴先閉目，普通盤坐即可，背靠牆壁，雙肩放下，全身放鬆（吾人有雜念時，必會自然雙肩上提。），雙手重疊，手心朝上，放小腹前，先深呼吸三次，連坐三天，每天坐一小時，睡前做。右手置左手上，雙手不要用力，自然放著。

⑵觀想：頭部內有一太陽放光，放出強大光芒。

⑶默念：無垢清淨光，慧日破諸暗，能伏災風火，普明照世間。

第四天，擇一清閒有空之日子，空腹最佳，姿勢改為：

站著，雙腳併攏，雙手合掌胸前，全身放鬆。其餘觀想、默念皆一樣。約站立十分鐘左右，即會開始靈動。茲將個人靈動之經驗，述之如下作參考。

靈動後，整整做了三小時半，心中清楚，身隨意轉，先雙手畫圓，接著全身大旋轉畫圓，此大旋轉，使得氣血上沖中脈，氣喘想嘔吐，余咬牙連做三次，好難受。（是故余曾述及，修此法門，靈動旋轉打通中脈較危險，且中脈未必能打通。）接著於坐下休息時，雙手撐臉，無形中按摩雙臉，接著站立，全身振動，如做外丹功，又做雙手按摩中脈，反覆行之，及盤腿，雙手自動加持頂門，到雙眉中間之第三眼——透明隔，見光為止。曾修守丹田，運行任督脈者，功力足，有的人在一次啟靈後，即能看到吾人身體之光氣。可是對於打通中脈言，先修守丹田，運行任督脈者，無形中會更滯固中脈，欲打通中脈，比較困難。另密宗加持時，則加上觀想，等於是人電加壓，力量較大。但若結緣灌頂之象徵性，除非人少，所加持之人電就較少。實際上若以一人應付眾人之加持，個人之人電是不夠的，一般密法，皆須奉請靈界仙佛相助加持。吾人若觀想白光，則由手發之靈電顏色就是白色，觀想紫光，就是紫光，顏色隨心念而變，而最高的境界，就是不觀想紫色光，所發出之光氣，自然形成紫色光，欲達此境界，乃平常之心境修為問題。愈慈悲詳和著，身體的光氣，自然能維持紫氣光；心性污濁者，則灰、黑色居多，火性脾氣者，光氣為紅色，余曾見超度後，具備星光體之灶神為紅色，調皮的小孩陰靈為綠色星光體。而靈界的功力道行，與此光體顏色有密切關係，乃頻率、波長而分強弱之故。

其他百千法門眾多，如：完美大師的賜大知識，使人淡薄一切，常笑容滿面，充滿喜悅，梅花門之借重腹部呼吸法練精化氣，及靈界賜天眼、天耳，和以人電打通奇經八脈、靈脈……，靈療之魔手（魔非妖魔，乃千變萬化之意。）及化身千萬……等，東密之觀想全身放光又收為一點之：即身成佛之「光明真言」。藉佛力接引到外太空之西方極樂天界，再修行之淨土念佛法門。百千法門，令人目亂，何去何從，生自大執著者更多，無論修習任何法門，若未能打開前述之中脈、督脈等二管道，使除掉陰氣，變為陽氣，具備佛體、星光圈，則想要即身成佛乃不可能之事。妄求神通，互比高低，徒然在原地打轉，且互相殘殺。念佛持咒百萬、千萬遍，只備外成之功力而已。若修通此二管道，再加上全身脈道無阻，則內成法可謂大功告成，功力一增，剩下的就是培養佛心、慈悲心，使光體顏色，能在平常即能維持紫氣光、金光色，則將來要回到仙佛境界最高之最高靈界，才有可能，亦才能與強大之靈流光氣融合，不會支持不住，只能待在靈流光氣較弱之下面各天界，願共勉之。

由於時代不同，科學發展一日千里，難免令人思起，任何事都要坐快車，修行也要求速成，也因此尋找一些輔助修行之物。譬如：余以前未開悟時，冀求尋找能增加功力之法，以便想獲得神通，包括：鎢絲燈之電燈泡，想藉其電離子增加人電功力，想藉靜電健康器，來打通脈道關竅，結果大量電燈泡之熱量，使得體內虛火上升，加上不斷的工作熬夜，引發肝炎、皮膚過敏有八月之久，所幸服解毒酒七天治癒。藉靜電健康器之正、負離子分開之性能，置於關竅部位，拉吸吾人之體液正離子，結果於放置在頭頂時，由於平常即有用腦，在三天內無意中開頂門，及將督脈在腦中到頭頂之管道打通，及置於額前，結果皆只做三天，每次五～十分鐘就停下來，因為頭脹痛要命，從此後頸部硬直，深以為苦，而不知此管道已開之故，由於靜電健康器，所分離之負離子，與吾人體之正離子吸引，有使體液之金屬離子還原之情，皆得謹慎，還是以心念力觀想旋轉向上，配合放鬆之觀想太陽最安全，也沒有副作用，請詳「成佛之原理及方法」。本文目的只供參考。

尚有臭氧O_3，由於讀化工，加上研究醫學，得知現在雖有臭氧製造機問市，但若長期處在充滿殺菌力強之臭氧室修行，會在無形中減弱身體對外界細菌之抵抗力，修行未成就，反而先帶來毛病，一般臭氧室若待久，會有頭暈的現象，想藉此增加修行成就者得慎之。

另外亦有借重每日吃蜂王乳，求消除血管之膽固醇，以便增加氣脈之暢行，結果因配合睡禪下沉法，使得全身涼寒不已，乃蜂王乳較涼性之故，且吃了後會使會陰穴之陰竅常自動跳動，練精化氣，分泌陰電，全身發冷。余亦曾實驗，接連提陰蹻使升降約五百次，結果全身會有冷感覺，由此亦印證了仙宗的陰電理論，練精化氣，以陰電會腦中之陽電而生光，當然蜂王乳現在已停吃了，讀者若想借重蜂王乳保健，則須留意分量問題、季節問題、花粉農藥問題，每一樣食物也是一樣，適中可以，天天吃過量則不行。譬如：吃番石榴少量可壯筋骨，吃多對人體產生便秘、壓力、口舌；鳳梨吃少可增加胃腸之清除雜質，吃多則傷胃腸；香蕉可幫助消化，吃多會軟腳、滑精……等等。

其他如：體育器材之振盪按摩器，余藉其振盪全身使放鬆，肌肉不會僵硬，使減低阻抗，提升人電之導電度，增加氣血暢行，但將振盪用的皮帶子，置於頭部、頸部，結果造成頭部之鬆弛，記憶難以集中，精神恍惚，若只振盪一、二分鐘則尚可，愈久愈有此副作用，且行商有散財、財阻之應。此情如同靈動之長時間大力搖頭一樣。

另外在食物上研究，知悉維他命B_1，乃神經系統能量之來源，此項提示，得自最高之最高靈界，投胎轉世救渡之瑜珈屋。由於吾人之氣脈運行，與神經系統傳電有密切關係，若吾人用腦思考，缺乏B_1，會使注意力無法集中，成績退步；修行者一邊打坐或念咒，會一邊想打瞌睡；一般食物上，以台糖之酵母粉含量較多，亦具綜合性之輔助，但比較難吃，若健素糖，又怕吃糖分太多，降低體液之PH值使呈酸性傾向，易生感冒。

若喝牛奶但不加糖，至少早上一杯，則份量足夠，但須留意各廠牌不同，有的偷工減料，糖分太重，喝後有的人會下瀉，乃濃度太重，及適應問題，乳糖無法完全消化，只要加麵包、餅乾吃即能改善。常喝牛奶，能幫助注意力集中。

B_1的作用，乃轉化人體之醣類變為熱量，余曾連吃一月之維他命B_1片劑100mg，加上腹部吸脹呼縮法，結果人瘦了，吃了B_1片劑後就想睡，早上不敢吃，改在晚上吃，吃了第三天後，稍運動全身就發熱，乃體內氣血暢行之故，此時當然不必如道家之氣聚丹田生陽氣、生熱，自然全身發熱。一般人喝酒，乃酒精將人體內血管之脂肪溶解，維他命溶解，使氣血暢行，加速循環，及擴張血，而全身發熱，若喝少量酒有益，加上多喝開水，促進新陳代謝，再多吃蔬菜、水果補充維他命，則可保健康。

B_1劑天天吃、多吃對身體並無多大益處，還是以喝牛奶最恰當。每一種維他命片劑都一樣，無論水溶性或脂溶性，當飽和過量時，還是會積存在人體生弊害的。余亦實驗吃B_1 50mg、B_2 5mg之合成劑，結果思考相當敏捷，連吃五天左右，皮膚一壓有發紅不散之現象，嚇一跳，此乃過量之徵，停下未吃兩天，馬上因為氣色之滯塞，接連霉氣之事接踵而至。當然剛吃時，次日由於氣色之新陳代謝，而帶來財氣。現在當然只有束之高閣未再吃了。曾有友人，已經吃習慣，好像中毒般，停下來未吃，就沒精打采，沒精神辦公想睡覺。此乃今日社會另一層面問題，由此可知，時代不同，須了解的甚多，無意中作實驗的更多，總言只有一句話：各類食物，中、西藥補品都一樣，適中即可，多吃、天天吃，過量及高單位必有副作用，不得不慎。

其他維他命C、B_2、E……，皆親身實驗過。維他命C片，在熬夜後，吃二片100mg有降火消炎作用，但天天熬夜天天吃則不行，且須多喝開水，幫助洩淖，否則累積量多，有腎臟結石之副作用，此乃理論上得知，余當然不敢長久實驗。維他命B_2，能清除血管已沉積之：過氧化脂質，即血管硬化之防患，每片5mg，已算是高單位，但亦不能天天吃，維命他E，能清除血管中尚未沉積，而游離之：過氧化脂質，能擴張血管使放鬆，為特殊功能，余曾實驗近二月，每天吃100mg睡前吃，連吃四天後，耳內在說話時有迴響，也是嚇一跳，共重複實驗兩次，一般市面醫學書籍曰：每日吃100到200mg，我看會被害死，若五天吃一顆100mg則沒關係。西藥房有些E片劑份量，更達1000mg以上，有人常喜以維他命片劑當作保健，當留意過量為要。其他中、西補藥丸都一樣。

由於今日社會緊張繁忙，難免無形中，使吾人全身肌肉常處於緊張狀況下，因生理上的壓力，而帶來人事上、財利上的壓力，因過度的緊張，使胃腸消化不良，營養過度消耗，體力透支，而帶來肝臟解毒功能降低，加上食物之毒素多，而生肝臟疾病，在命理上稱之官煞、壓力，吾人每逢官煞月，都會有內外之額外壓力、嘔氣事，不論有無印星化解或食傷回剋都一樣。此維他命E，可謂一物剋一物，每七天睡前吃一顆50mgE劑，可使全身肌肉神經，因E劑的擴張血管，而得到放鬆，在官煞月要化解壓力，改變命運，此法可算是一種食物方法，其他月令則可不用吃。其他使放鬆之物理方法尚有：外丹功、靜坐、太極拳、振盪按摩器……等。

總言之：據余實驗所得，除了官煞月，每七天吃E劑50mg一粒，及勿熬夜多吃水果外，各類維他命之營養，於早餐喝牛奶時，即能補充。至於其他營養於中、晚餐適中補充即可。此牛奶以沖泡奶粉較方便及易保存。假使欲吃各種維他命片劑，至少亦須隔開五天以上，才不會過量沉積生副作用。吃乃人生大事，亦是氣色好壞之源，為了安全及保護自己，這一類的常識及書籍，皆須多看、多了解。

修行方面，只要打通中脈，自然功力大增，想要施法，譬如：觀想金鋼網、火牆罩護，只要閉目、排除雜念，觀想虛空中有金色網子罩下來，配合雙手之手指交叉，形同網子，置於頭頂上，緩緩張開下來即可。自然會有光氣罩護，不用持咒。一般持咒之意義，乃因中脈未開，光氣不足，須借重持咒排除雜念及加壓。至於借重咒語與靈界仙佛溝通，事實上此心咒並不全是，講通之法，乃因觀想而產生念波感應。靈界之相互談話，及吾人與靈界之溝通心意，實際上乃以心念為主，即心中存意，以念波傳送，並不需要開口。真正的咒語意義，乃借重咒音之振動，來使中脈各脈輪更易開通。嘗觀一些人，執著在多背咒語上，來者不拒，未悉原理，徒然白費時間，欲借重咒語修持，來增加外成法之功力、念力，則可持一咒，觀想一本尊即可。滿百萬遍，功力即很高。可是如此，並非已即身成佛，因為佛仍是佛，你仍是你，中脈未修通，還是沒有佛體、星光體的。吾人可先修本尊坐頭頂之修持法，一方面可增加功力、念力，一方面亦會在無形中，打開督脈到頭頂之管道，先備外成法，然後修通中脈，常保持慈悲心、不執著心，多累積功德，則內成法皆備矣！當然亦可先修內成法，則無形中此佛體會保護自己，減少魔障。此星光體、佛體，就是即身成佛的基本條件，百千法門，仍是以此為主。至於其他的咒語、手印，背多了還是一樣，當您知悉其咒語、手印之意義時，您就能獨創自己的心咒了。在此余深切盼望修持密法之佛子，勿執著在咒語、手印裡，不要貪多，一咒一本尊足矣！至於東密之四度加行，則乃為招式之活用，亦為佛法之應用，修持東密有累積念力，及實用之雙意義。仍須強調那句話：佛心、慈悲心最重要，看開執著，修通中脈為修行之依據。

靈界在外太空，最高之最高靈界仙佛，可謂最原始之仙佛，道行皆在千萬年以上。皆從不掌管靈界之事，此次轉世投胎救渡，可謂空前。下面則有最高之宇宙主宰政府，如同總統府，此次宇宙主宰因應物質時代，及魔界轉世擾亂之邪惡思想，亦至少指派總統府內高地位之仙佛一人，轉世投胎救渡蒼生，情況亦可謂少見難逢。此最高層次之仙佛，轉世投胎者，余皆曾會面過。不過雖然在靈界元靈有此道行、地位，轉世投胎後，一樣眾生平等，且更須歷經修道歷程中，極多難以言盡之磨練，無論酒、色、財、怒氣……。樣樣考驗，讓人生不欲死，想尋短見的機會多得是，元靈嚴謹的無形督促，真真假假的考驗，常常令人在灰意冷之邊緣徘徊，說來話長，一言難盡，不說也罷。不身入其境者，難以體會的。就以最近的舉一例，在民國七十四年六月到九月，余將歷年來的研究成果：⑴成佛之原理及方法⑵如何改變命運。投稿刊出在孝慈雜誌善書上，斯時家業凋零，家父已負債纍纍，家族一樣，真是令人心有餘力不足，且自身難保，住宅隨時有受到拍賣之虞。在九月三日左右余又分別寄出單子，廣寄各善書雜誌社，於此之前一月左右，可謂困境重重，到最後寄出之前七天，更是有斷炊之危，小孩生病沒錢看醫生，小孩學費、電費、稅單……皆迫在眉睫，可謂山窮水盡，所有財路無緣無故斷掉，種種的考驗，皆在事後方知，看看在最困苦的環境中，慈悲普渡之心是否仍不變，而在寄出後約五天，財路才逐漸恢復，思來令人手腳皆軟，還好當時心中皆存善念：本來就應該做的。終於度過考驗。在其他方面，當然亦有考驗不及格的，思來令人慚愧，根據多次的體會得知：靈界高真欲左右一個人的思想念頭，乃輕而易舉之事，譬如：明明個人本性淡薄錢財、女色，卻突然之間，在無形中冒出這方面的念頭，令人莫名其妙，日夜一樣，其他方面亦甚多，不時刻謹慎自己言行，馬上會掉入陷阱，到目前為止，可謂之磨練得看淡又看淡，有時候心中覺得表現還不錯，正在志得意滿時，糟了！馬上有更嚴厲的考驗來，嚇得趕快收斂自己。種種的考驗，在八字運程上，找也找不到，逢遇八字考驗月、洩氣月，那都不用說，不止他人之考驗、洩氣、元靈之考驗，更是加倍又加倍，簡直令人英雄氣短，不想做人，想要早一點回家，可是到最後，還是得留下來，走完人生再說，其他尚多，真是一言難盡。

前述最高宇宙主宰指派轉世之仙佛，乃余八字講授之第三期學生姓劉，常常受到後面元靈嚴厲督促，結果誤以為業障冤結找麻煩，到處尋訪高人相助，而在一次，歷經財困、阻礙之磨練下，寄出投稿：成佛之原理及方法，於數日後，恢復財路，終於了解了，乃元靈督促，非業障報仇。由於亦可知，眾生平等，最高層次之仙佛，更應作眾生之表率，沒有特權成分存在，更不能自以為高高在上，否則所吃的苦頭更多，因其常與余聯絡，知同樣處於考驗之機會亦多，有時只能苦笑安慰曰：看開一切執著吧！他們（元靈）好像是事先講好的。

由最高宇宙主宰政府以下，再劃分職責，劃分天界，情形如同國家之制度一樣。目前我所能知道的，就只有這些而已，而且也是因靈界在無形中，安排見面，彼此言談遭遇，及斷斷續續才體會知道的。至於個人六通似開未開，好像又封起來，所見到的佛體、星光圈，乃元靈合一辦事超度時，才讓余看到的，此乃因緣尚未成熟之故，據余所知，靈界高真，若欲賜人神通乃輕而易舉之事，只是時機成熟問題。目前余之心境，已淡之如水，不會再像過去般，若耳聞目睹傳授什麼神通，就坐立不安，想去學習請教，乃因余已了悟：成佛之原理及方法。但願您亦能修通中脈，親身體會力行：成佛之原理及方法。並廣積善功，多多為苦難的大陸同胞，為苦難的廣大眾生，伸出慈悲普渡之雙手，共同為淨化世界，使人間永成佛土而努力。

據余所悉，若未能對靈界有功，仙佛欲賜神通乃不可能之事，而且吾人除非具備特殊任務，否則亦無追求之必要，有神通反而麻煩多，未積功德，欲最高靈界仙佛超度或打通中脈，此乃違背天律，亦屬不可能之事。有些人具有神通力，目睹陰靈多人附身作弄，心生慈悲，欲以密法或道法除去陰靈，不知人家前生被害得家破人亡，目前領有冥旨來報復，如此強制修法，只有替自己惹上麻煩，破壞陰律，將人家的業障承擔而已。正確的方法，乃示當事人，以積德行善、印善書、單子，廻向宿世冤結，並在玉皇上帝或東嶽大帝前（乃地府之最高檢察官），祈求作主，化消冤結。並以杯筊三次確定答應才行。於此透露一點，廣印：成佛之原理及方法。如何改變命運。此大功可補大過，若影印百份置廟寺，則功德已不小，此乃上天好生之德，但若一邊行惡作歹，一邊影印想補過，乃難以化解之事。

至於其他天界，於聖賢雜誌所出版之善書：天堂遊記、人間遊記、地獄遊記等，有詳細之說明，並非胡說，至於中文所言之：玄玄上人，則仍在宇宙主宰政府之下的某一天界。閱讀此三本書時，讀者可多留意：作者所述之光體、毫光、全身發光、頭部發光等詞句，皆為實言，本來修行上的任何一種境界，若未達到時，是比較難體會的，尤其今日物質時代，欲人相信，都必須有科學理論根據，及親眼目睹，可是體質不純，沒有累積功德，又如何能妄求靈界示現呢！聖賢雜誌社，住址在：台中市北區邱厝南巷六一號之一。其勸化之善書，常有善心人士助印，而廣傳全台灣各角落。據余所悉，尚有其他雜誌社，乃由理天以上之天界，領旨創辦的，如：明德雜誌社，及孝慈雜誌社、聖德雜誌社、聖天雜誌社……等，由於時代不同，是故上天特別重視善書勸化之工作，亦廣開此法門，讓眾生有積德補過之機會，可謂手心良苦啊！

當然善書推廣之初，困難重重，於各教派而言，各宗教之仙佛境界、仙佛體，本來就是一樣，在靈界乃不分彼此的。再依各地民情、風俗之不同，而化身轉世投胎，創立宗教渡眾；起分別心，劃分界限的，乃是吾人之私心作祟，自己替人家劃分的，將來回到天界時，都將難以自圓其說，有造下口業的，亦將會減功德。知者知之，不知者，千萬不要妄加臆測，甚至武斷批評，願共勉之！

開悟之前，仍不明白，廟寺仙佛、神明眾多，同樣名號的不少，是千變萬化或其他原因呢！開悟後才知道，原來廟之王爺、千歲、玄天上帝……等大神，乃同樣具備佛體、星光體之仙佛，負有天界之職責任務，而其在靈界之法號、佛號則各個不同，只是依其原性、慈悲心，領天旨立廟，渡化眾生，當然包念陰靈界之渡化處理等。是故一些佛寺之佛子，千萬不要貢高自大，造下口業為要。

吾人研究人生哲學，到最後必然玄學、五術皆齊，互有連貫作用，欲洞澈人生起伏、順逆，缺一不可。五術為山、醫、命、卜、相。簡述如下：山即地理學、陰陽宅風水，由小之個住宅、墳墓風水，鄉鎮、縣市地理，到國家、世界之地理聚氣形態。此聚氣類似中藥人參之吸聚地氣。

醫為醫學，含中、西醫之有形醫學，即物質肉體治療，到無形醫學，含針灸通氣脈，及靈魂體受傷之靈療，和靈界冤結報復，施法使藥物失效之因果病，和住宅有陰靈作弄，使常生病吃藥之靈障等，所有與靈界有關之毛病。亦有個性好強，學了五術，到處與人挑戰，與人結，被人下符法傷到身體，譬如：靈界仙佛在處理時示現的，有人在脊椎骨下端尾部，即八仙洞上，被人下放了一個無形的骷髏，結果每到黃昏，就想睡覺，一睡就是第二天中午，此乃元氣被吸去之故，使得元氣、精氣無法從脊椎骨傳送到腦部。亦有的在腰部脊椎骨內，被暗箭所傷，點上一個黑點，同樣的元氣不足，常常或日日夢遺，無精打采。總之，為人處事還是謙虛點較好，千萬不要好勝逞強，與人結下怨仇，一山還有一山高，人生須學習的事情多得是。而研究醫學，欲達到登峰造極之境界，不步入玄學研究是不可能的。亦因此一層靈界因素，若有醫院或藥房，開在寺廟的正對面，生意興旺乃必然之事，乃因替人治病回陽有功德，寺廟或教堂為靈界執法之處，必然派遣部屬暗中相助，倘若有敗壞醫德之事，則福報享盡時，都難逃果報的。一般人或有的書籍，誤以為地獄形成，乃自己業力、潛意識所製造，謂之凡事由心造，事實上陰靈界亦存在著陰律，一般的廟供奉東嶽大帝，即是最高檢察官，城隍廟如同警察局，福德正神如同派出所，假若為惡作歹，減福澤果報皆遲早之事，若在外國，則依各地民情、風俗，皆存在教堂、教會。而所謂福地福人居，欲選擇在寺廟正對面，以便大進財利，平時仍須多積德行善才行，天下間，尤其靈界，凡事都是以積德行善為標準。

命為生辰學，凡任何以出生年、月、日、時，推算吾人命運起伏之法。含八字四柱學、紫微斗數、七政四餘……等。可是算準了，還是氣數難逃，此乃只是一個推算運程起伏之代號而已，並不能左右命運，有任何研究心得，自藏自珍者，徒然讓自己的心胸無法放開，執著放不開，將來在靈界的修為上，更是永遠無法達到最高之最高靈界。而真正影響命運起伏的因素，請詳：如何改變命運。

卜則問卜，含卜卦及寺廟仙佛之靈籤、問杯筊與梅花易數……等。卜卦除了根據卦意解釋外，最重要的乃靈機一動。有時候與靈界之傳達心念，有密切關係。其他尚有靈界之傳達方式，譬如：余之第三眼已開通，即在印堂內，仙宗謂：透明隔。即有特別重大事情，請教高靈界仙佛時，心念傳達，及以手指輕輕撥開印堂一下，如同掀開帳幕，再意念集中在印堂內（閉目），即刻會接連浮出影像……然後再依影像內容解釋。請示完，則畫一個≠符號封起來；亦曾在山裡，穴場點地，約五十公尺寬之窩穴，余點之穴場偏離兩尺，仙佛一點即是穴場太極暈之正中，且雙眼立刻浮出幾尺幾寸，挖下後一點都不差，此乃元靈合一時所點。立向亦合元運，但都會考慮到影響他墳及鄉鎮民。

相為面相、手相、足相、體相等，以氣色為引動之源，相準也是一樣氣數難逃。平時的修心養性，確實可改變五官及其他，氣色上的研究，乃在了解損財氣色與進財氣色，及其他氣色如何形成，請詳：如何改變命運。

玄學即指修行之學，含符法、道法、佛法、密法……等，以修行成佛，具備佛體、星光體之交通工具，此才是真正即身成佛，及不種下因果業障，看開執著，從此了脫生死、解脫輪迴為主。其次以在物質世界之積功累德，及修行之道行功力、慈悲心等，為將來在靈界地位高低，和永居何天界之參考。靈界果位，以幾朵蓮花為代表，一般所謂最高之：上品上生，即是九品果位，也就是功果為九朵蓮花，但據余所知，仙佛中亦有累世功德，功果在九朵蓮花以上者，對社會、國家、世界眾生，貢獻愈多，則功果愈多，不是如一般世俗所想像的，每日只唸誦佛經禮佛，持咒手印修法等，就能妄想上品上生，沒有那麼簡單的，此只是與佛結緣而已，正確法乃是依佛經所述為修行之準則，若只是唸誦經文，不知身體力行，尤其沒有具備佛體、星光體，則所得到的，只是勸化之功，結來世之福報而已，除非特殊情況下，有靈界高真，引渡到天界或其他冥界地區再修行，以期清除執著心，淨化心靈，或修行術法，以備神職之用。再累世修行，以期能達到最高之最高靈界，為最終目標，願共勉之！

靈界有許多靈律規定，為一般人所不知，於天界為天律，於地府為陰律。（於國家有國法、法律皆一樣。）此為余在七十三年十二月間，祖父逝世出葬時，元靈相助，親眼目睹，加上近一年來，元靈助斷斷續續處理一些靈界事，而點滴了解的。吾人逝世之曰，必有地府兩名陰差，拿著黑令旗在旁邊等著帶人，去地府報到，一般業障大，作惡多端者，必因驚慌掙扎，而死狀驚怖。若具備光體、佛體者，必面貌安祥如睡，且有天界之仙佛或金童玉女之小仙佛接引，若有地府註名者，仍須隨同兩名陰差，到地府銷名，才能回到天界，此為規定。一直到出葬前三天內，逝世之人，其靈魂必返回自家靈前，探望家人，並接受親人拜送及念經功德，此三日亦可謂上天之考驗，日久見人心，是否守靈孝心不變。對於屍骨火化，置於寺廟，則陰靈有修心之作用，但個人以為，在世時孝順回報都嫌不夠，逝世後一把火，心中仍覺得殘忍些，何況中國人講究的是：慎終追遠，百善孝為先。所燒化之庫錢，為天界及地府運用，若金、銀紙錢，則只為地上（下）靈界運用，也不是藉紙錢之五行氣來助元氣，目前有一些佛寺僧侶，替主家唸經超度，往往免掉燒化庫錢之一項，無形中替自己造下了業障，與逝者結冤。靈魂體之結構成分，實際上如同：吾人之元氣、人電，若拜拜之食物，才是陰靈助元氣之用，仙佛則都以天靈氣為主，隔空接收。曾約三次，元靈合一時，目睹仙佛以靈氣加持在物上，陰靈有的吃得津津有味，有的拚命搶著吸靈氣，在墳地燒化紙錢，則搶得一團糟，亦曾有幾次元靈加持在吾肉體上，幫助有緣者、積功德者開中脈，結果有兩次，自作主張未加持過去，體內一股清涼之靈氣，使得胸脹難受，足足經過一小時才化開掉，精神充足，由此余才深深體會到，靈魂體之結構成分，就是吾人之元氣、人電，只是密度凝聚力及光體顏色之不同而已。

出葬之日，皆有五位較高地位之靈界相伴，分地位高低，在送靈台依次由下往上坐，愈上面地位愈高，逝者坐在最前面，且都坐在金爐後面，於所有親人、親戚拜送後，祭文唸完時，即由最後面，地位最高者先離席，逐一離開送靈台，逝者最後走，剩下朋友在拜送時，子孫則須代替逝者回禮。若逝者，已修通中脈，具備佛體、星光體，則由東方四五度之外太空飛去，依各人修為，到達各天界。此為余祖父出葬時，親眼目睹，且眼見親戚哭送，祖父亦哭，忍不住自己亦哭不停，倒是令親友皆側目而看。至於五位較高地位之仙佛，斯時只知拜送叩謝，於諸仙佛遠去時，元靈才示現讓余看到影像，此又是天機問題。

又逝者，未具備佛體者，其靈魂體，平常皆居在墳地，或骨塔，出葬之日，是否隨著棺木去墓地，或先去別處，到目前寫稿為止，尚沒有機緣見到，亦不知詳情。另外靈魂體之身高大小，則跟人完全一樣，但也有眼見多次靈魂體之身高大小，才手掌大小而已，由此可知，若沒有星光體，就無法接收天靈氣，其靈魂體若所吸之靈氣不足，則會逐漸減弱變小。以前在修行過程中，常於夜睡時，有陰靈或邪靈、動物靈來吸元氣，由乳部吸走，結果驚覺清醒過來，卻腦子清醒，想動又不能動，又昏睡一小時，才總算元氣恢復醒過來，相信有許多人，都有類似恐怖經驗，到開悟後，光氣更強，約在七十四年八月間，夜睡時，有兩隻貓靈前來吸元氣，突然被驚醒，耳聞兩隻貓的慘叫聲遠去，原來被余在緊張時，自然凝聚印堂，而發出一道光所射傷，亦曾於每日清晨打坐，隔空接收山川靈氣，結果引來一個好臭好臭的邪靈，可惜看不見長相若何，於余靠近找尋何物惡臭時，被余之光氣所迫，自然退開，以後在打坐時，先以念力光氣，罩護整個屋子，就從此不見再來，倒是一些小動物，特別敏感，常常光臨。此罩護之法甚簡單，只要中脈打通，於修法時，觀想一個金色網子由屋頂罩下來，配合雙手手指交叉如網子，再以雙手或右手，逐一在牆壁、地上、天花板，如砌牆般，自然會有光氣衛護。此即是內成法有成就之妙用，而不用持咒，觀想什麼即是什麼。當然此光氣罩護，對於仙佛星光體而言，是擋住不了的。可隔空施為，亦可併食、中指，隔空劃圈，劃地為界，此界線亦具妙用。

吾人之靈魂體藏於小腹部，於佛教書籍有記載，當余開悟時，元靈合一與家人之靈魂體對談，才親自體會到記載無誤，原來睡覺時，靈魂體會回到腹部，面貌如吾人之外表，白天則與肉體合成一體。若靈魂體跑出來遊玩時，能停留在半空中，尤其靈魂體有受驚時，肉體則會反覆睡不安，醒後的感覺，即是作惡夢，一般若想實驗，只要參加或待在喪家約半小時，就會因靈體沾上穢氣，而連續數夜睡不安。有些人因車禍或受到巨大驚嚇，而變成植物人，乃其魂魄失散之故，有的人被車禍現場，城隍廟之七爺、八爺撿回去，一般大都魂魄失散游離在：出事、受驚嚇之現場。可先以雞糞藤煮水洗身，連洗三天，除去穢氣，再到寺廟請神明、仙佛幫忙，若找回失散之魂魄，約三到七天就痊癒。有一方法為：於淨身後，將植物人帶到受驚嚇之現場，以較安靜之早、晚最佳，亦不要講話，家人閉口，大家坐在一側，一起在心中向虛空大力喊著他的名字，此為心念傳達，不用開口，魂魄若在附近，聽到會趕來，合為一體時，會有反應。當然若有通靈人或仙佛相助，則萬無一失，因此刻的靈魂體，仍在驚慌中。隨同前往的家人，淨身除穢氣也是必要的。心念傳達，才是真正的與靈魂體或寺廟仙佛對談之法，能無遠弗屆。

嘗聞某些仁人孝子，或偉大的母親，於親人遭遇欠安、困境時，即發願吃齋或將個人之福澤、壽命轉接給親人，或選舉時發誓、斬雞頭……等，尤其在神位前祈求、立誓時，君不要以為是迷信、隨口說說而已，靈界的靈律也是很嚴的，余曾眼見，祈求折福給親人時，馬上神位前浮現一神明來處理。很多很多的靈界事，不能因為沒有看見，而當作沒有，同樣的，神明、仙佛也是吾人在世時，積功累德及修通中脈，而成仙成佛的；以前未知時，總是存疑到底神明、仙佛從何而來，後來才知道，乃吾人修來的，此後即常以此為修行之榜樣。

對於發願，佛經詳述的更多，在六十六、六十七年間，余於拜拜時皆發願：願我所做一切功德，迴向宿世冤結，迴向法界眾生。結果很快的應驗了，步入財困、阻礙的困逆中，痛苦了一段日子，以後深深體會時代不同，渡化須不同，才於六十八年後，將發願詞修改為：財法雙渡。發願詞全文如下：願我今日之後，生生世世，利益安樂一切眾生，以財法渡盡一切苦難眾生，願我即時得：大慈悲菩薩心，得大智慧，得無上之佛法，救渡眾生，脫離苦海，共成佛道無阻礙。

天天於佛像前上香即唸，總算歷盡一切苦難，研究有成，所廣傳之：成佛之原理及方法。如何改變命運。即是余多年來歷盡百千法門，歷盡千辛萬苦之成果，願大家能廣傳。由此亦可知，吾人千萬不要隨便發願，發願如同發誓，一些上師、僧侶、牧師，沒有家累，可以發此重願：所有功德，迴向法界眾生。一般俗家子弟，則千萬為後代子孫設想，不要輕易發出此重願。另外靈界仙佛之本意，也不是示人都出家修行，乃示人勿執著之意，原意仍在：雙雙對對，傳宗接代，廣渡一切眾生，予眾生有投胎修行成佛之機會，假若大家都出家修行，甚至藉著出家逃避責任，則豈非生命中斷，未成佛之眾生，將永無投胎之機會。況且以女性而言，懷胎生育，乃是天職，也是一種功德，使眾生有投胎之機會。由於時代的不同，功利主義、私利盛行，慈悲心少見，連靈界的觀點也降低，只要修七分功德，即是功德圓滿。而假若懷孕後墮胎，以社會的目前觀念來看，為節育變通辦法，但以靈界的靈律來看，卻是殺生，扼殺了眾生投胎之利益，為破壞靈律，被打胎的小靈體，將永遠附在母親身上，吸取元氣維生，而逐漸長大，並且趁機報復，一般會附在背後，使得母體永遠腰痠背痛。處理的消極方法，也是前述的：親自做善事、功德，祈求仙佛作主，迴向冤結，但必須在大廟寺或教堂祈求。

吾人常見，有人在寺廟仙佛前，唸疏文、祈願文，或在教堂祈求禱告，可是有的人有效，有的人卻無效，實際上其原因，乃天律問題。即平常有累積功德者，即使不必到寺廟、教堂，亦不必寫疏文，只要合掌或點上三支青香，在神位前跪下，遙想寺廟仙佛，這樣的祈求，馬上很快就有應驗，若到寺廟、教堂祈求，則乃為禮貌，及更誠心，不必勞駕神明、仙佛跑一趟。反過來說，假使平日未積德行善，未積陰德，而寫疏文、祈願文，甚至在家裡拜天公、燒化紙錢，妄求賄賂，限於天律規定，仙佛也是愛莫能助的。

人非聖賢，孰能無過，尤其目前之物質時代，人人爭名奪利，一切行事皆以錢財為衡量之標準，人心低落，被環境所迫時，更易鋌而走險，失去廉恥之心，受傳播工具，如電視之影響，易迷失本來單純、純潔之原性，勾心鬥角，私利頗重，犯過錯之機會甚多。為了給予眾生有改過之機會，靈界有一：功過相抵之變通方法，乃上天好生之德。助印善書，尤其研究五術者，將心得著書，所得之功德甚大，此為余之親身體會；種因得果，因緣成熟時，自然會在祖墳上，得富貴大地，催發富貴，及後代子孫得到富貴命造，使富貴連綿，此乃善書流傳深遠之故。再暗示一次：廣傳、廣印：成佛之原理及方法。如何改變命運。置廟寺、教堂亦可，此大功可補大過，功德與其他不同，但不能一邊廣印，一邊為惡。一般所謂三千功德，乃指小功而言，願勿忽視之！行善並非是有錢人的專利品。又由於吾人宿世以來及今世，難免累積業障、欠債或犯過錯，或帶有冤結，因此最好的方法，乃於助印善書時，能註明：願以此功德，迴向宿世冤結。已知有冤魂果報者，更須多做，以祈化消冤結。除此方法外，仙佛亦不能破壞靈律，強迫化解。又假若本身無冤結、業障，則多行善、助印善書，也是一種功德累積，能力所及，何樂而不為！

若廣印善書，置廟寺，可於仙佛前面跪拜祈求後，再拿去放置在善書處，以下祈禱詞可作參考，亦可以紅紙抄下照唸，假設以一二〇份為一單位。祈禱詞如下：（假設在玉皇上帝廟）

玉皇上帝，弟子×××。住在×××××。這裡有善書一二〇份，放在天公廟，其中六〇份，願以此功德，迴向宿世冤結，祈求玉皇上帝作主，化消冤結，開恩赦罪，弟子×××感恩不盡。

以後如果繼續做時，只要仙佛前拜拜，說善書有×份即可。一般若是前面作完後，再到東嶽大帝廟參拜，乃是一種感謝化消冤結之意。又若替親人做善事、廣印善書，祈禱詞如下：（仍假設印一二〇份，及在玉皇上帝廟）

玉皇上帝，弟子×××，住在×××××。這裡有善書一二〇份，放在天公廟，願以此功德，迴向我父親（或母親、妻子、丈夫、子女）×××，其中六〇份，願以此功德，迴向宿世冤結，祈求玉皇上帝作主，開恩赦罪，化消冤結，弟子×××，感恩不盡。

同樣再於事後，到東嶽大帝廟參拜一下，以表達謝意，以後再做善事時，則只唸前面即可。

對於陰靈之超度，無論佛教、道教、天主教……，皆乃以唸誦經文為主，密宗為唸誦：六道金剛咒。各處舉辦法會超度，皆以唱唸經文為主，加上祭拜食品及燒化金、銀紙錢等，依余所知，實際上唸經、往生咒等，於陰靈為得到唸經功德及消業障，以便將來能投胎轉世，較富裕之家庭而已，真正的超度，乃靈力加持，在瞬間替陰靈開通中脈，使具備佛體、星光體，此為余元靈合一時，替有緣之陰靈加持，親眼目睹之事，晚上的光氣顏色，光圈看起來比較明顯漂亮，白天則看不清楚，而且冉冉上升，能穿透屋頂、天花板，揮手致謝再三，回想起來，令人感嘆，在世時若未能修通中脈，沒有佛體、星光體，只有重複輪迴，了脫無期。假若一般人，能修到陰陽眼或天眼，及足夠之念力，則以右手食指集中念力，能夠替陰靈開通中脈，乃是真正的超度法。又若元靈合一欲超度陰靈，則須有特殊之「緣」才行，否則若每一陰靈皆替其開中脈，乃為違背天律，及混亂靈界之次序。此為後來才知道的，而在七三年祖父出葬，替有緣之陰靈超度，斯時一直想著，這下子可以超度很多人及陰靈，解其輪迴之苦，豈知原來有這一層天律問題，只有心中嘆息了！能見此文之讀者，也總算是有緣，任何之術法，縱然洞徹天機，登峰造極，假若沒有修通中脈，沒有具備佛體——星光圈、交通工具，則輪迴永在，一失人身成陰靈，再要修通中脈，已是更困難重重了！一切都是緣，吾亦無說謊之必要，讀者依文中所述修行歷程，即知：成佛之原理及方法。其突破開悟，並非撿來的，此篇成佛之原理及方法，乃余在多次極度頹喪、退志灰心下所了悟的，綜合了：梅花門之腹部呼吸法，以清除胃腸雜質，以便更易蓄積元氣，打通中脈。及佛教所述之靈魂體藏於小腹部，思及須先此中脈管道通路打開，參研了藏密之觀想中脈一道白光向上，由頂門而出，記載在：明行道六成就法。自由出版社所出版，再配合生理解剖圖、生理學，知人體構造，及中國醫藥學院之針灸氣脈書。原理乃崑崙仙宗之心竅、陽維穴——變電壓，使除掉陰氣，變陽氣。可以說綜合了佛、道家及中醫之精華，終於體會得知的。斯時在七四年九、十月間，亦因此了悟，因緣成熟，才供奉佛像，與元靈真正面對面，大哭特哭，此後才逐漸知道此行之任務，對於高層次靈界而言，皆知道打通中脈之重要性，可是卻不能明言，由此可知天律之森嚴，不論是否仙佛轉世，眾生一律平等。另外愈高靈界愈知悉，在此物質世界，磨練吃苦愈多，愈能看開執著心，亦才能解脫輪迴，永居天界。是故吾人逢遇困難，皆須當作一種磨練、考驗，此乃物質世界之五行氣數，人生之月圓月缺，千萬不要怨天尤人，執著心重看不開，學術法的人也是一樣，秘法祖傳，反而形成輪迴之原動力，因為放不開之故。

又根據余元靈加持功力，迄今替十數位有緣及積功德之男女朋友開通中脈，所累積之經驗知悉：先修任督脈運行者，功力愈深，中脈愈難開。其次大腹便便，胃腸雜質太多者，最後為少素食者，常吃魚肉而血濁者。其中以腹部小，體質較瘦者，最易開通中脈。由此亦印證了余了悟的：成佛之原理及方法，確實無誤，腹部之雜質皆須借重：腹部呼吸法來清除，多吃素食體質清純，亦可免除殺生所帶來之業障。抽菸、喜吃檳榔者能戒掉，以免污濁氣脈及胃腸積垢、積存檳榔渣，有清新的體質，修行都會有很快的成就，此體質問題，就是吾人修行成就、感應，快慢之根本原因，願勿忽視之！凡事知其原理，欲速成才有可能，否則時進時退，或原地踏步，徒然浪費修行時間，或失去信心，甚至產生排斥心。

最後將余在修行過程中，連帶所發現的，述之在後：

(1)吾人對談、相處之際，尤其家人，皆會形成元氣、人電之對流，相互有補充之作用，高壓跑到低壓，以持咒、靜坐、讀書人、念力高者為高壓，小孩為低壓，是故小孩幼年之期，尤其三歲前，父母抱小孩，及睡在一起，能使小孩無形中，元氣更充足，身體更安康，且將來父子或母子之情會更親近，乃人電、元氣之波長、頻率會近似之故，且更利於未來智慧之發展。

又若醫生診斷何科、何病，在無形中會接收，病人身上所發出之人電光氣，而積久感染該疾病，故醫生於診斷時，當多留意通風、空調問題。於各行業而言，醫生乃一能賺錢又積功德之行業，中、西藥房一樣。

⑵生理上的變化、壓力，相對帶來人事上、財利上之變化、壓力。生理上的元、亨、利、貞，相對地帶來了，人事上、財利上之元、亨、利、貞。詳情請看「天機預言」部分。精氣足、吃好，配合適中之新陳代謝，帶來更多財氣。

譬如：找店面、工廠地……也是一樣，乃人事上一個新的開始，氣色上必然配合新陳代謝（精氣），與之對應。先元氣充足、停慾至少半個月，於新陳代謝後，保持元氣充足，每日吃好一點，或吃由高麗精濃縮而成之高麗人參茶每天一包或兩包，以使氣色更好，至少維持在十天到十五天，以後則須至少停吃人參茶十天左右，以免過量生壓力。由新陳代謝後的第二天開始，十天到半個月為期，每日清晨靜坐，配合緩慢深呼吸，閉目觀想將山川靈氣，由全身毛細毛吸進來，在室內做，旁邊不要有人，以免將其元氣吸過來，每次約靜坐半小時，早上五點最佳，山川靈氣最旺，一般人未修此法，若持咒或寫書集中精神一小時，也是一樣，最慢在第十天左右，會找到好地點。此吸聚和吃人參茶或吃好一點一樣，最多半個月，即須停止吸聚及吃人參茶半個月，以免持續進行，而帶來肉體上、人事上壓力。

吃好，氣色好進財多，若前述或平常，於消耗精氣、新陳代謝後隨便吃，甚至吃番石榴太多，在找地點上皆會不如意，而且虧本做不久，進財氣色之理，乃在氣色上之新陳代謝，命中無財者，自然不重視飲食、隨便吃，此也是一生中勞碌求財之故，命中財星為吉且有力者，自然無形中，比較重視（財）物質享受，於配合適中之新陳代謝時，大進財利。假若過度之房事，則只有消耗元氣，損耗財氣，尤其命中無財加上日元助力少者，皆會在無形中，易房事多消耗精氣，元氣不足，當然進財少，一生多勞。以上為一般行商進財氣色之形成，尚有喝酒應酬後，自然形成氣色上之新陳代謝，而帶來財氣；和吃維他命E片或B_1B_2綜合劑，使得氣色更新一樣，次日見財，但皆不能長久性天天吃，長期喝酒，使肝臟解毒功能降低，長期吃E、B_1B_2片，皆會使神經系統養成習慣性。一般綜合而言，還是以多積德行善，在祖墳得到富貴大地，藉地氣催助，力量最大。至於就職受僱之人，則就不需要進財氣色，除非另有兼職，知其原理後，慢慢親身體會印證，就知道原來如此。進財之方式有兩種，其一為前述之：須付出代價之進財。其二為：不勞而獲之進財，如：中獎、撿到財物等，此第一部分，足足費了余一年時光研究，可惜功敗垂成，對眾生苦難財困者，只有垂激愛莫能助。命中有時終會有，命中無時莫強求，此天財皆有靈界財神、仙佛看護，半點不由人，對於高靈界而言，彩券頭彩號碼多少，何家出售，皆乃輕而易舉之事，但限於天律不能破例、洩漏天機；欲改變命運，祈求仙佛相助，亦唯有廣積善功，因緣成熟時，自然在冥冥中，會有仙佛相助，於祖墳得到富貴大地，催發富貴，子孫富貴連綿，此種相助程序，亦才是真正合乎天律原則，合乎仙佛之慈悲心，不會讓人發財後，富貴不過一代，當然愈富貴大地，考驗愈多，甚至家產蕩盡，由廢盡而興旺，亦才會更勤儉，更體會錢財富貴得之不易。

八字洩天機部分

命理基本知識

凡事豫則立，不豫則廢。學習命理八字也是一樣。基本知識，由淺入深，該背記的，不能偷懶，工欲善其事，必先利其器，基本的符號背記後，才能活用自如，深入論斷時，才有多餘的精神集中思考判斷，亦才能興趣盎然。不要以為有表可查，何必背；結果論斷運程時，常須用到的流年、流月、流日及六神代入，皆會因查表而分心，判斷就不能周詳。學地理風水也是一樣，不止二十四要背，六十四卦也要背，更須兩者配合，整個羅盤好像放在腦子裡，加上卦運、動爻後的卦運……等等。以下所整理，為學習八字，必須且絕對要背記的基本知識，包含：五行相生、相剋。五行與方位。十天干、十二地支及五行。干支陰陽。地支生肖。人元微氣藏干。天干、地支其性質代號。六十甲子順逆背（最重要）。天干五合。地支六合。天干相剋。地支相沖。地支三合局。地支方向會。地支三刑。天干爭合。（以上最難背的，就是六十甲子，余足足背了兩個月才活用自如。可以不必心急，逐日背記，也不要貪多求快。）尚有十二節氣。十二月的代稱。命學術語。八字的排列法。八字代入六神，須不用查表等等。

(1)五行相生（由命名學入門可熟用）

金生水。　水生木。　木生火。　火生土。　土生金。

(2)五行相剋。（由命名學入門可熟用）

金剋木。　木剋土。　土剋水。　火剋金。　水剋火。

(3)五行與方位

五行：木、火、土、金、水。

方位：東方屬木。　西方屬金。　南方屬火。　北方屬水。

中央屬土（住宅周圍一公里以內）。

地理風水之大卦，即二十四山方位：每三字為一大卦，共有八大卦，八個方位：甲卯乙為東方，屬震木。辰巽巳為東南方，屬巽木。丙午丁為南方，屬離火。未坤申為西南方，屬坤土。庚酉辛為西方，屬兌金。戌乾亥為西北方，屬乾金。壬子癸為北方，屬坎水。丑艮寅為東北方，屬艮土。

(4)十天干、十二地支及五行

十天干：甲木、乙木、丙火、丁火、戊土、己土、庚金、辛金、壬水、癸水。

（有些稱呼：東方甲乙木。西方庚辛金。南方丙丁火。北方壬癸水。中央戊己土。）

十二地支：子水、丑土、寅木、卯木、辰土、巳火、午火、未土、申金、酉金、戌土、亥水。

(5)干支陰陽

陽干：甲、丙、戊、庚、壬。

陰干：乙、丁、己、辛、癸。

陽支：寅、辰、巳、申、戌、亥。

陰支：子、丑、卯、午、未、酉。（此項若知人元微氣，依天干代入即知。不必背。）

有的命書，陰陽支書寫如下，以前述為主：

陽支：子、寅、辰、午、申、戌。

陰支：丑、卯、巳、未、酉、亥。

(6)地支生肖

子肖鼠。丑肖牛。寅肖虎。卯肖兔。辰肖龍。巳肖蛇。午肖馬。未肖羊。申肖猴。酉肖雞。戌肖狗。亥肖豬。

(7)人元微氣藏干

子：癸。丑：己辛癸。寅：甲丙戊。卯：乙。辰：戊乙癸。巳：丙戊庚。午：丁己。未：己丁乙。申：庚戊壬。酉：辛。戌：戊辛丁。亥：壬甲。

(8)天干、地支其性質代稱

◎此項了解為主，但不可拘執。

甲木：可以巨樹代稱。

乙木：可以花草代稱。（以燃火言，甲木勝乙木，長遠有力。常見於調候上及驛馬遠近上。）

丙火：可以太陽代稱。

丁火：可以燈燭代稱。（以調候言，丙火勝丁火，溫暖照耀。常見於調候上及驛馬遠近上。）

戊土：可以土堤代稱。（以抵定中流，止水之氾濫，戊土首用，但不能生金，己土可。燥土不能生金，除非有水，如戊子，或戊土旁邊有壬、癸，或流年、流月逢水。若命取用沒有時，亦勉強用之。）

己土：可以濕泥代稱。

庚金：可以鋼鐵代稱。

辛金：可以珠玉代稱。（以劈甲砍伐言，庚金勝辛金。）

壬水：可以江河代稱。

癸水：可以雨露代稱。（以奔流急湍而言，壬水勝癸水。）

◎地支依天干參考即可。

◎陽干：皆有剛強，陽剛之性，於論心性時，須比陰干加重。

◎陰干：皆有溫和，陰柔之性，論心性為參考之一項。

◎燥土：戌、未、戌。（命中格局有水於側或地支，如戊子。未、戌旁邊有亥子水。或流年、大運逢之，轉為濕土。）

◎濕土：己、辰、丑。（辰、丑逢沖轉為燥土，後論細詳。）

◎燥木可燃火：寅木。甲木。（命中格局有水於側，或歲運逢之，燃火不易。如：寅木旁邊有亥子水。甲木與壬癸水排在一起。或流年、大運逢亥子壬癸水。）

◎濕木難燃火：亥中甲木。或寅木旁邊有亥子水。甲木旁邊有壬癸。

(9)六十甲子

六十甲子背記，可先分十年背記，再合起來，再配合民國幾年，如此以後應用更方便。若換算西元，則用一九一一年加上民國幾年即是，如民國七十五年即是一九八六年。又六十甲子須順逆背，可先背順行，再背逆行。乃順行較常用到，尤其流年、流月、流日。民國六十年以後，則從民國元年加上去即可，如民國七十五年丙寅年，減去六十為十五，即是和民國十五年一樣。背記上分十年較好背：壬子→辛酉。壬戌→辛未。壬申→辛巳。壬午→辛卯。壬辰→辛丑。壬寅→辛亥。

民國元年：壬子年。
民國二年：癸丑年。
民國三年：甲寅年。
民國四年：乙卯年。
民國五年：丙辰年。
民國六年：丁巳年。
民國七年：戊午年。
民國八年：己未年。
民國九年：庚申年。
民國十年：辛酉年。
民國十一年：壬戌年。
民國十二年：癸亥年。
民國十三年：甲子年。
民國十四年：乙丑年。
民國十五年：丙寅年。

民國十六年：丁卯年。
民國十七年：戊辰年。
民國十八年：己巳年。
民國十九年：庚午年。
民國二十年：辛未年。
民國二十一年：壬申年。
民國二十二年：癸酉年。
民國二十三年：甲戌年。
民國二十四年：乙亥年。
民國二十五年：丙子年。
民國二十六年：丁丑年。
民國二十七年：戊寅年。
民國二十八年：己卯年。
民國二十九年：庚辰年。
民國三十年：辛巳年。

民國三十一年：壬午年。
民國三十二年：癸未年。
民國三十三年：甲申年。
民國三十四年：乙酉年。
民國三十五年：丙戌年。
民國三十六年：丁亥年。
民國三十七年：戊子年。
民國三十八年：己丑年。
民國三十九年：庚寅年。
民國四十年：辛卯年。
民國四十一年：壬辰年。
民國四十二年：癸巳年。
民國四十三年：甲午年。
民國四十四年：乙未年。
民國四十五年：丙申年。

民國四十六年：丁酉年。
民國四十七年：戊戌年。
民國四十八年：己亥年。
民國四十九年：庚子年。
民國五十年：辛丑年。
民國五十一年：壬寅年。
民國五十二年：癸卯年。
民國五十三年：甲辰年。
民國五十四年：乙巳年。
民國五十五年：丙午年。
民國五十六年：丁未年。
民國五十七年：戊申年。
民國五十八年：己酉年。
民國五十九年：庚戌年。
民國六十年：辛亥年。

民國六十一年：壬子年。
民國六十二年：癸丑年。
民國六十三年：甲寅年。
民國六十四年：乙卯年。
民國六十五年：丙辰年。
民國六十六年：丁巳年。
民國六十七年：戊午年。
民國六十八年：己未年。
民國六十九年：庚申年。
民國七十年：辛酉年。
民國七十一年：壬戌年。
民國七十二年：癸亥年。
民國七十三年：甲子年。
民國七十四年：乙丑年。
民國七十五年：丙寅年。

民國七十六年：丁卯年。
民國七十七年：戊辰年。
民國七十八年：己巳年。
民國七十九年：庚午年。
民國八十年：辛未年。
民國八十一年：壬申年。
民國八十二年：癸酉年。
民國八十三年：甲戌年。
民國八十四年：乙亥年。
民國八十五年：丙子年。
民國八十六年：丁丑年。
民國八十七年：戊寅年。
民國八十八年：己卯年。
民國八十九年：庚辰年。
民國九十年：辛巳年。

民國九十一年：壬午年。
民國九十二年：癸未年。
民國九十三年：甲申年。
民國九十四年：乙酉年。
民國九十五年：丙戌年。
民國九十六年：丁亥年。
民國九十七年：戊子年。
民國九十八年：己丑年。
民國九十九年：庚寅年。
民國一百年：辛卯年。
民國一〇一年：壬辰年。
民國一〇二年：癸巳年。
民國一〇三年：甲午年。
民國一〇四年：乙未年。
民國一〇五年：丙申年。

民國一〇六年：丁酉年。
民國一〇七年：戊戌年。
民國一〇八年：己亥年。
民國一〇九年：庚子年。
民國一一一年：辛丑年。
民國一一一年：壬寅年。
民國一一二年：癸卯年。
民國一一三年：甲辰年。
民國一一四年：乙巳年。
民國一一五年：丙午年。
民國一一六年：丁未年。
民國一一七年：戊申年。
民國一一八年：己酉年。
民國一一九年：庚戌年。
民國一二〇年：辛亥年。

⑽十二節氣

1.立春（雨水）。 2.驚蟄（春分）。 3.清明（穀雨）。 4.立春（小滿）。
5.芒種（夏至）。 6.小暑（大暑）。 7.立秋（處暑）。 8.白露（秋分）。
9.寒露（霜降）。 10.立冬（小雪）。 11.大雪（冬至）。 12.小寒（大寒）。

（註：背記方式，1.立春。2.驚蟄。3.清明……。括弧中為中氣，未背沒關係。若立春、驚蟄、清明……，乃為節。）

⑾十二月代稱（於陰宅墓碑用到）

一月端月。 二月花月。 三月桐月。 四月梅月。 五月蒲月。 六月茘月。
七月瓜月。 八月桂月。 九月菊月。 十月陽月。 十一月霞月。 十二月臘月。

（註：背記方式：端花桐梅、蒲茘瓜桂、菊陽霞臘。再代入即可。）

命學術語

1. 乾造、坤造：乾造指男性的八字命造。坤造指女性的八字命造。於婚嫁擇日上，有的寫「龍圖」，即為乾造。寫「鳳局」即為坤造。

2. 八字、四柱：八字命理學，由年、月、日、時所組成之天干、地支，一共八個字，故稱八字。若更細密劃分，及一般擇日學上之應用到「分」，則共有十個字，當稱為十字。又由年柱、月柱、日柱、時柱等組合而成，故算八字又稱為：四柱推命學。若加上分柱，則可稱五柱。又稱呼上，有的以年根、月苗、日花、時菓來代替。整個八字稱為：「命造」、「命局」。

3. 天干、地支：天干有十個字即：甲木、乙木、丙火、丁火、戊土、己土、庚金、辛金、壬水、癸水。　地支有十二個字即：子水、丑土、寅木、卯木、辰土、巳火、午火、未土、申金、酉金、戌土、亥水。

4. 天元、地元、人元：一般稱八字命理具有「三元」者即此。天元即天干。地元即地支。人元則為微氣，乃地支內特有之藏物。天干較單純，地支則較複雜。如：丑土裡有己辛癸。己土為本氣，辛癸則為餘氣。算命上以本氣為主，次看餘氣，但不必劃分己土旺幾日，辛癸又各旺幾日，結果本末顛倒，徒然增加論斷上之困擾，譬如丑土，以五行土看為主，代入六神、相生相剋。其餘辛癸乃輔助力量而已，不能喧賓奪主。

5. 日元、日主、元神、命主、身、我：皆指日柱之天干。而論命都由此字對外分析，也就是由我自己向外看。

6. 六親的位置：年干為祖父。年支為祖母。月干為父親。月支為母親。日干為我自己。日支為丈夫或妻子，亦是「夫妻宮」或「配偶宮」之位置。而前述月柱，則為「父母宮」。時干為兒子，時支為女兒，即時柱為「子女宮」。此八字排列，分析判斷為凶，並非代表受累，譬如：年柱為吉，則父可獲祖父之遺業庇蔭。若月柱為吉，則本身可獲父母之蔭助產業。若時柱為吉，則子女可獲我之產業繼承，或稱下輩。以上尤其是天干。若凶者反之；白手起家。又若日支為吉，則男可獲妻之嫁粧幫助事業。女則可獲男方之聘金。又女之月干為吉，則可獲嫁粧。判斷上，不能認為夫妻宮入墓、逢沖、為忌，即代表婚姻不順，須以整體性八字的夫星或妻星看生剋制化，再配合行運、流年、流月看夫、妻星之生剋制化才行。判斷其他事，也是一樣，完全在八字內的相生相剋，亦是力量的加減，再配合大運及流年、流月逼進法。

排列位置舉例：（七十五年二月二十日辰時出生）

（祖父）丙火　寅木（祖母）

（父親）辛金　卯木（母親）

（自己）壬水　申金（夫或妻）

（兒子）甲木　辰土（女兒）

7. 通根、透出、暗藏：天干有字與地支之字，五行相同，同類相見有加強之力，謂通根。稱呼天干可曰：透出。稱呼地支可曰：暗藏。或根氣。

8. 六神：分別為正印、偏印（或統稱為財星）、正官、偏官（或統稱為官星。偏官又另稱七煞，有制化稱為偏官，無制化稱七煞。一般擾人之稱七煞為煞七次，為免令人聽起來，感覺恐怖，宜一律稱偏官。況且此六神名詞，乃是算八字之代名詞而已，配合代入生活習慣活用，才是真正得其利之處。）

9. 六神之定義：

八字論命，由日元、我為主，先看其他命局上個字是何者，知其五行、陰陽，再分別以六神之名稱代入填寫，此為論命所需要之代名詞，皆須背記活用，方能掌握氣數變化。而初學過程中，以取喜用神，最為複雜不清，一般人查閱「窮通寶鑑」乃為必經之路線，可是莫衷一是，相同的判例並不多，翻來找去，看不出一個結果來，但可以在無形中增加興趣，當查夠卻仍判斷不出來而失望時，可以開始研讀「滴天徵義」，以增加獨立思考判斷之機會，前面查資料、重模仿，此為開始靠自己思考時。由此進入欲推斷流年、流月、流日之欲望，至此資料有限而停頓；依此程序，乃為學習命理之必然現象，有的人及大部份的朋友、讀者，則從神煞尋求，此乃走傳統之路線；有的人則從五行生剋上，得到體會，收穫較多；此後在論流年上，時準、時不準，公婆說理皆不同，乃阻礙在流年、流月逼進法前面之故。初學者，看了拙著「八字洩天機」後，若對文中所述之基本理論，不能體會，該背未背，則前面所述之研習過程，仍會走一次，余之認為，最好也是如此，剛開始學習時，查點資料，對將來是有幫助的。學習命理八字，到熟練活用地步時，能將六神化為生活習慣，融合為一，配合流年、流月、流日，形成月圓月缺，讓人體認到氣數難逃，能做為人生之借鏡參考，對於人生之起伏順逆，會看得比較淡薄，能讓人看開一切執著心，對將來回到最高靈界，有很大的幫助，不會受到人生月圓月缺之影響，縱有也是一下子就消失，此為余之感觸及心得。若欲提升個人命運之富貴程度，則唯有廣積善功，因緣成熟時，祖墳得富貴大地，藉地氣之感應，催發富貴，唯有此法才行，若住宅有地理者較少。而另一方面言，當祖墳地理，提升了吾人命運富貴後，流年吉凶還是依然存在，此乃五行氣數，半點不由人。是故無論五術境界學習研究，到達登峰造極的地步，若仍不能修通中脈、督脈出頂門，使具備佛體、星光體，則生生世世之輪迴不斷，失了人身作陰靈，剩下靈魂體，沒有能練精化氣之肉體時，欲開通中脈，比登天還難矣！

天干之六神，稱為主星。地支之六神，稱為副星。另有十二個補星，稱為補運星，即：長生、沐浴、冠帶、臨官（或稱建祿）、帝旺、衰、病、死、墓、絕、胎、養。而此補運星之運用上，有些則徒增困擾，知道即可，仍以命局五行生剋為主。亦有的人搬入地理風水裡，欲精研風水地理，須對地理風水之流年、地理有了解，才不致迷失方向，即元運、卦運問題。

※印星、生、扶、母：皆指正印、偏印。相生日元者即是。而與日元陰陽相同者，為偏印。與日元陰陽交媾、不同者，為正配，即正印。偏印又稱為「梟」或「梟神」。梟字，有兇猛不馴之意。得印助為得「勢」，乃與日元有相生之情，能生我者，當然又為「母」親之代名詞，且能生能扶，亦為父母之代號，偏印未必是後母。印星又為印綬，化為目前社會，又為印章、文書。譬如：官印相生。若官則為官貴權柄，沒有印信則不立，難以發佈公文昭告，故官印相生之活用，為有官貴地位，依情形配置及流年，而觀察此貴氣為公家或私人機構。如：日元甲木，壬癸水即為印星。

※比肩、劫財、黨、助：與日元同類，同樣五行者稱之。與日元同陰陽者，為同一個

肩膀一樣大，謂之：比肩。與日元不同陰陽，但相同五行者，齊分財產，謂之：劫財或比劫。此比肩、劫財，乃為兄弟朋友之代名稱，又為客戶之代號。又為朋黨相助之意。如：日元庚金，見庚辛金即為比、劫，此為簡稱。

※食神、傷官、洩秀、泄、兒：皆為受日元所相生者之代稱。食神又稱為「文星」。又可統稱為「秀氣」。與日元相同陰陽者，為食神。不同陰陽者，為傷官。論心性上常用到，看脾氣食神較溫和；傷官則較霸道、較凶，一柔一剛。求財上食神為溫文拿筆，文市發展，以開店他人求我為主，思考細密，行事較緩型。傷官則為外交、武市發展，重口才、辯才，奔波求財，驛馬常見；食神重思考研究，利益收穫在靜字。傷官重發揮開創，利益收穫在動字。活用上，食神旺又吉者，為幕僚、參謀、軍師人才。傷官旺又吉者，為主官、前鋒、將帥人才。如：日元丙火，見戊己土，則為食、傷，此為簡稱。因火生土，故為洩秀、洩氣、泄，為我所生，故為兒，食、傷又為女性之子女代號，亦為秀氣、名氣、名譽、身兼數職。

※正財、偏財、財星：被日元所相剋者稱之。亦係錢財之代名稱。與日元同陰陽者，為偏財，乃橫財之意，含收會錢、中獎、撿到財寶等。與日元陰陽不同者，為正配陰陽交媾，為正財，乃正業就職之所得。財星乃總稱，又財星亦為部屬、父親之代號。以男性言，財星又為妻之代號，但不一定正財為正妻，偏財為妾。命中若無財星者，欲

中彩券，都比較困難，逢財年運，則稍有機會，大獎則未必，此乃財神、仙佛呵護，半點不由人；命中有時終會有，命中無時莫強求，種因得果，今生福澤，皆前生積德之所種，若欲改變命運，唯有積德行善，再得到具備倉庫山之祖墳，才能改變靈界之記錄，此乃天律原則規定，也是仙佛知道號碼、地點，卻不能洩漏之原因。

※正官、偏官、七煞，官星、鬼、剋、制、抑、敵：凡剋住日元者稱之。統稱為官星。偏官即七煞，七殺，亦稱鬼。皆為剋住、抑住日元者之代名稱。與日元相同陰陽者，為偏官。稱七煞較恐怖，宜少用之，以免來客心理作用怕怕。與日元不同陰陽者，為陰陽交媾，為正配為正官。官者管也，只是拿掉竹字。正官為文官，辦文書官，偏官為武官，如：軍警界、中油現場主管等。教書之老師，教國文為正官，教理化、體育為偏官。部隊之輔導長為正官。連長、排長為偏官，一文一武，因在務而不同。官星又代表天災、吵鬧……，大為子女之代號，一般若男女命造之官星重者，代表約束者多，子女都會較多，女命看子女多寡，除了食、傷外，尚須看官星壓力如何，才能決定。八字無官者，生活壓力少，不願受人約束，當然不會生眾多子女來管束、約束自己之自由。如：日元戊土，見甲乙木者，為逢官煞。寅卯木一樣。

10.引化、通關：為化解反成助力之意。一般常用，對五行相生相剋能用自如，自然得心應手。如日元甲木，旁邊有庚金沒有水，為庚金剋甲木，代表平常周圍小人多，就職不得志，約束自己者多，逢流年、大運為壬癸水，則金生水，水生木，化解剋住之情，轉為有情意，此即煞印相生，藉印化煞，架煞生權，又為升官、鴻圖大展、責任加重之意。此引化、通關，等於解開兩個人打架而勸架作調人之喻。

11. 停、中和：皆為對稱均勻，依整個命局而言。

12. 喜神、用神、藥神：皆為命中有益之代稱，意義相同。或簡稱為：喜、用、藥。一般初學者，大都以「窮通寶鑑」為求取喜用神之參考書。

13. 忌神、仇神、病神：皆為命中不利日元者之代稱。或簡稱為：忌、仇、病。但此壞人逢流年轉化，也有變吉時。

14. 閒神：於命局形成無關痛癢者，皆為閒神。但會受到流年、大運影響，變為吉，但亦會變為忌神。

15. 調候：乃合乎自然因素，所需要者。此項若能善加運用，則論命上，在一年十二個月中，共有七個月，取喜用上同樣須配合此自然冷熱現象，就剩下五個月不同而已，由此可知，此調候原則之考慮，佔了極大之份量。

如：生於亥、子、丑、寅月者，須命中有火氣來溫暖調候，方免受寒凍之苦，火氣愈大，愈解除寒凍結冰，尤其亥、子月出生者，形成溶解奔流，一生較奔波，驛馬不停，出國常見，或當華僑。但若逢金水流年、大運時，則命中火氣熄滅，運程有阻，形成結冰寒凍之象，應用上稱為：有志難伸，一片消沉，諸事受阻。又若命中無火者，則命局反而清純，於故居發展，依自然現象解釋，本性因寒凍之故，而比較保守、守成，事業當然不利奔波、外交，亦非奸商爭鬥之才，只能做單純生意，即就職或開店或技術服務，以他人求我者為主，此乃單純心性之故。逢火年產異動奔忙，乃解凍之故，當然生機勃勃。但流年或行運之火過後，則又恢復寒凍心性，當然即是運程受阻之時，恢復寒凍，形成一得一失，終須回來故居，亦是佛教所述：緣生緣滅之情，其他人當然一樣，月圓月缺，人生並無永恆之事，做人實在很辛苦，若不修通中脈，具備佛體，看開執著，不種業障，又待何時呢！修行過程，各項磨練愈多，愈能幫助看開執著心，亦才能脫離輪迴，回到最高靈界。又寅月出生者，寅中丙火有調候溫暖之功，不能忽略，命中有寅一樣。

如：生於炎夏巳、午、未月者，須命中有水氣來滋潤，方免炎燥，謂之調候。以巳、午月出生者最需要。此炎夏調候須以地支有水為主，若天干則為形於外，代表外表，若地支則為藏於內，代表內臟；故若天干有壬、癸水，而地支沒有亥、子水，只有濕土辰、丑一樣，則稱為：外表看起來正常，其實體內多虛火，常遲睡或工作熬夜，喜吃燥食，動物胃腸類，煙酒等，及住宅太熱或工作場所太熱，使體內虛火旺，算命準驗。尤其逢木火土之年，以戌年戌月最怕。又若炎夏生，而命中沒有半滴水，命局反而清純，但論斷上一樣，體內虛火旺，須注意腎、泌尿系統之患，降火為消極防患之法。同樣的生日炎夏出生，以出生在南部炎熱者，將來在北方發展，運程會較高，出在北部寒濕者，有調和火氣之功，減少命格特有之虛火多、急性、積極性，財運則較差，但利於術法研究。炎夏出生，運用最多的，乃身體、心性上。任何變格、正格，其論斷一樣，合乎自然原則，沒有例外。此調候介入命中運用，關係甚大，獨成一格，初學者，若能活用，則學八字已近過半矣！

16. 神煞：乃指一般命相者，所延用之貴神、凶神。如：三奇貴人、天德貴人、月德貴人、天乙貴人、羊刃、華蓋、天羅地網……等。初學傳統八字者，查神煞之表代入，乃為必經路線，愚則不用神煞久矣！

17. 燥、濕、濁、清、偏枯：八字太炎燥，火土多則為：火炎土燥，一般指巳、午、未月生者，命中地水氣不足，腹內虛火旺，天干有水，只是外表看起來正常而已。又八字濕氣太重，金、水甚多，尤其水過旺，謂之濕。此一般指冬天出生者（亥、子、丑、寅月）為主。命格混濁，制化重重，謂之濁，譬如：日元丙火，旁邊有甲木為喜，卻又受旁邊之庚金牽制，而庚金下面有午火剋住，救助甲木免受傷，可是午火旁邊又有亥水剋火，如此輾轉相助，互相牽制，即為「制化重重」。若命格清新，字字有情，配置均勻，隱然有一股清秀之氣，八字都用，謂之清。

18. 格局、變格、正格：格局一般可分為兩種：其一為變格。其二為正格。而一般稱呼格局，名稱迴異，名詞複雜，更有取格為論喜忌之重點，事實上有名則名之，無名則不名。自然界很多事情，本來即是很單純不雜的。

19. 月提、月令、月垣：皆指月支而言。此為論命過程中，分辨各字力量大小，須列入優先的，一般初學者，皆分強弱、算分數，結果分不出所以然來。論命排八字後，首先須看此當令之月支，是五行何者，與日元相生相剋及其他力量又如何，其次再分別以日元參看其他字之力量生剋情形，而各字在該月支，即該月令之力量又如何，也必須參看。整體性，簡單言之：即是先以月令力量最大，再分別以日元為主，參考其他各字之生剋情形。

20. 當令、失令：月支為日元——我之印星或比、劫，謂之當令。或得令。此令字有發號施令之含意，若一個字一個字互相比較，月支力量最大。再以日元分別看，遠近之衛護，以月干、日支三者最近，衛護最重要。年干支及時支，則距離遠，衛護力減弱，此牽涉八字排列問題，論斷化解與否很重要，年、月為左，日支為中，時為右，流年代入時，除了看相生相剋知吉凶外，依此左、右衛護情形，可知事情演變細節，也比較複雜，人生本來即是如此，也不只是，流年代人後，知吉或凶而已。月支為日元之官煞、財星、食傷謂之失令。或稱失元。

21. 體：即以月令為主，看日元之四季體性。如：甲日生於夏天巳、午、未月。則為夏木為體。生於春天寅、卯、辰月，則為春木為體。生於秋天申、酉、戌月，則為秋木為體。生於冬天亥、子、丑月，則為冬木為體。又分孟、仲、季月。如春天寅、卯、辰月，寅月生則稱：生於孟月或孟春、初春。卯月生則稱仲春。辰月生則稱季春。其餘類推，初夏孟夏，及仲夏、季夏……。

22. 歲、太歲、流年：皆指每一年之變化而言。犯太歲未必凶，一般稱猴者為申年生，逢寅年及申年為犯太歲。

23. 運、大運、鄉：皆指行運，一個字管五年，合化與否，大運干支兩字全看，其餘看吉凶一字即可。排列以月柱為據。

24. 旬：每月分上、中、下旬，每十日為一旬。

25. 地運、卦運：每二十年一個元運，代入六十四卦，稱卦運、地運。共有九運在循環。

如何正確排八字、大運

(1)我國「夏令時間」歷年起止表

我國使用「夏令時間」歷年起止表－（農曆）：

年份	名稱	起止時間（農曆）
民國三十四年	夏令時間	三月二十日到八月二十五日
民國三十五年	夏令時間	四月一日到九月六日
民國三十六年	夏令時間	三月十一日到八月十六日
民國三十七年	夏令時間	三月二十三日到八月二十八日
民國三十八年	夏令時間	四月四日到八月九日
民國三十九年	夏令時間	三月十五日到八月十九日
民國四十年	夏令時間	三月二十六日到八月三十日

民國四十一年	日光節約時間	二月六日到九月十三日
民國四十二年	日光節約時間	二月十八日到九月二十四日
民國四十三年	日光節約時間	二月二十八日到十月五日
民國四十四年	日光節約時間	三月九日到八月十五日
民國四十五年	日光節約時間	二月二十一日到八月二十六日
民國四十六年	夏令時間	三月二日到八月七日
民國四十七年	夏令時間	二月十三日到八月十八日
民國四十八年	夏令時間	二月二十四日到八月二十八日
民國四十九年	夏令時間	五月八日到八月十日
民國五十年	夏令時間	四月十八日到八月二十一日
民國五十一到六十二年		停止夏令時間
民國六十三年	日光節約時間	三月九日到八月十五日
民國六十四年	日光節約時間	二月二十日到八月二十五日
民國六十五到六十七年		停止夏令寺間
民國六十八年	日光節約時間	六月八日到八月十日
民國六十九到七十四年		停止夏令寺間
民國七十五年		

我國使用「夏令時間」歷年起止表二（國曆）：

年份	名稱	起止時間（國曆）
民國三十四年到四十年	夏令時間	五月一日到九月三十日
民國四十一年	日光節約時間	三月一日到十月三十一日
民國四十二年到四十三年	日光節約時間	四月一日到十月三十一日
民國四十四年到四十五年	日光節約時間	四月一日到九月三十日
民國四十六年到四十八年	夏令時間	四月一日到九月三十日
民國五十一年到六十二年		停止夏令時間
民國六十三年到六十四年	日光節約時間	四月一日到九月三十日
民國六十五年到六十七年		停止夏令時間
民國六十八年	日光節約時間	七月一日到九月三十日
民國六十九年到七十四年		停止夏令時間
民國七十五年		

說明：凡夏令或日光節約時間出生者，須將生辰減一小時。

如：上午十一時三十分出生，應修定為十時三十分，時間調整過來。

⑵標準時區與各地經緯度的三角點所在地

本資料及時差、定時資料，得自「時空制命書」及吳俊民前輩之「命理新論」，啟迪不少，普渡眾生，功德無量，謹此致敬及感謝之意，「命理新論」共三冊，台北市重慶南路三民書局有經銷，其他各書局皆有，乃一難得可貴之參考書，整理資料豐富且細心，費神苦心可見，無私心更令人敬仰。民國八年，觀象台規定標準時區，分全國為五區：

1. 中原時區：以東經一百二十度之時刻，為這個區域的共同時刻。
2. 隴蜀時區：以東經一百零五度之時刻，為這個區域的共同時刻。
3. 回藏時區：以東經九十度之時刻，為這個區域的共同時刻。
4. 崑崙時區：以東經八十二・五度之時刻，為這個區域的共同時刻。
5. 長白時區：以東經一百二十七・五度之時刻，為這個區域的共同時刻。

台灣於光復後，即運用「中原時區」的標準時間，以東經一百二十度的正午，為台灣全省各地的正午。

（即以東經一百二十度子午圈之時刻為標準。）所以電視、電台廣播的時間，只有台灣海峽中一線完全符合，即各地仍須修正時間。東加西減，每度加減四分鐘。一圓周為三百六十度，地球自轉一圈約二十四小時，即一千四百四十分鐘。一千四百四十分鐘除以三百六十度，故知每度為四分鐘，於台灣地區，須加時間修正，方合乎標準時間；澎湖，金門地區，則須減時間修正，一度等於60'，又1'為60。

例如：

台南市南區光明里鹽埕為：東經120° 16' 50" 49即須六十四秒，如上午十時十分出生，正確時辰應為十時十一分四秒誕生。（每度為4分鐘，即240秒，每1'則須除以60，知1'為4秒，1"太少省略。東加西減，故知4秒乘以16'，為64。）

◎各地經緯度的三角點所在地與校正後應加減之時間表

各地經緯度之三角點，係以石標柱表之。此經線與緯線之交點，名曰三角點。

地名	三角點所在地	東經度	北緯度	加減時間
台北	台北市公園路台灣省氣象局。	121° 30' 23".82	25° 2' 22".32	加六分。
	台北市松山區興雅五一〇一一。	121° 33' 21".42	25° 2' 14".20	加六分十二秒。
	台北市中山區圓山町二二八。	121° 30' 47".68	25° 4' 30".94	加六分。
	台北市陽明山管理局。	121° 33' 53".09	25° 9' 36".72	加六分十二秒。
	台北市士林區拔子埔。	121° 32' 6".135	25° 6' 12".13	加六分八秒。
	台北縣板橋市埔墘下深丘。	121° 27' 56".82	25° 1' 21".40	加五分四十八秒。
	台北縣中和市中原村永和芎蕉腳。	121° 28' 51".22	25° 0' 40".03	加五分四十八秒。
	台北縣新莊市頭前。	121° 26' 56".776	25° 3' 49".968	加五分五十二秒。
	台北縣三重市厚德後竹圍。	121° 29' 13".923	25° 4' 34".934	加五分五十六秒。
	台北縣淡水鎮崁頂林子。	121° 25' 16".404	25° 12' 20".538	加五分四十秒。
	台北縣汐止市北港柯子林。	121° 35' 43".05	25° 7' 18".36	加六分二十秒。
	台北縣樹林鎮猐寮里。	121° 23' 32".34	25° 0' 26".88	加五分三十二秒。
	台北縣鶯歌尖山里。	121° 19' 17".39	24° 57' 1".80	加五分十六秒。

基隆	基隆市彭佳嶼島西端。	122° 3’ 54”.879	25° 37’ 46”.257	加八分十二秒。
	中正區基隆島。	121° 46’ 43”.548	25° 11’ 40”.382	加七分四秒。
桃園	桃園市車站南約三〇〇公尺。	121° 18’ 25”.58	24° 59’ 11”.08	加五分十二秒。
	中壢市斗門埤。	121° 12’ 6”.47	24° 59’ 45”.11	加四分四十八秒。
	楊梅鎮。	121° 8’ 26”.55	24° 54’ 23”.58	加四分三十二秒。
宜蘭	宜蘭市四鬮。	121° 44’ 27”.96	24° 44’ 18”.55	加六分五十六秒。
	羅東鎮竹林。	121° 45’ 15”.93	24° 41’ 4”.87	加七分。
	礁溪鄉辛子罕。	121° 45’ 0”.23	24° 46’ 30”.19	加七分。
	員山鄉三鬮內湖。	121° 40’ 18”.61	24° 42’ 58”.54	加六分四十秒。
	蘇澳鎮東澳社東北方約一〇〇〇公尺。	121° 50’ 30”.47	24° 32’ 23”.33	加七分二十秒。
	南澳鄉。	121° 48’ 30”.00	24° 34’ 48”.00	加七分十二秒。
	三星鄉。	121° 38’ 56”.00	24° 40’ 0”.00	加六分三十二秒。
新竹	新竹市關西橋。	121° 0’ 53”.25	24° 46’ 47”.00	加四分。
	新竹市柯子後湖。	121° 1’ 39”.10	24° 46’ 30”.06	加四分四秒。
	新埔鎮下橫坑。	121° 6’ 24”.64	24° 47’ 39”.09	加四分二十四秒。
	新東鎮五指山。	121° 5’ 16”.75	24° 38’ 35”.41	加四分二十秒。
	香山鄉柑林溝。	120° 55’ 0”.48	24° 46’ 23”.75	加三分四十秒。

苗栗	苗栗鎮。	120° 49’ 0”.46	24° 33’ 21”.38	加三分十六秒。
	苗栗鎮西南公路西邊。	120° 47’ 53”.50	24° 32’ 44”.65	加三分八秒。
	頭份鎮珊珠湖。	120° 56’ 35”.31	24° 41’ 42”.15	加三分四十四秒。
	竹南尖筆山。	120° 53’ 25”.22	24° 43’ 21”.05	加三分三十二秒。
	銅鑼鄉後龍溪東邊。	120° 47’ 51”.31	24° 30’ 44”.40	加三分八秒。
	苑裡鎮公館子西北路邊。	120° 41’ 4”.16	24° 23’ 7”.38	加二分四十四秒。
	苑裡鎮溪子田。	120° 40’ 25”.53	24° 24’ 24”.42	加二分四十秒。
台中	台中市北屯區大坑。	120° 44’ 23”.08	24° 12’ 46”.30	加二分五十六秒。
	台中市北屯區三份埔。	120° 40’ 56”.86	24° 11’ 1”.22	加二分四十秒。
	清水鎮鹿寮。	120° 34’ 0”.71	24° 15’ 21”.42	加二分十六秒。
	沙鹿鎮。	120° 33’ 21”.72	24° 13’ 37”.74	加二分十二秒。
	大甲鎮鐵砧山。	120° 38’ 48”.93	24° 21’ 29”.46	加二分三十二秒。
	外埔鄉散厝子。	120° 40’ 13”.08	24° 20’ 44”.48	加二分四十秒。
南投	南投鎮內車麗。	120° 41’ 20”.30	23° 55’ 44”.75	加二分四十四秒。
	南投鎮草尾嶺。	120° 38’ 26”.35	23° 55’ 24”.26	加二分三十二秒。
	集集鎮柴橋頭。	120° 49’ 47”.91	23° 51’ 24”.17	加三分十六秒。
	魚池鄉過溝山。	120° 58’ 18”.37	23° 53’ 8”.27	加三分五十二秒。

花蓮	花蓮市東北方米崙山山上。	121° 36’ 21”.66	23° 59’ 30”.91	加六分二十四秒。
	壽豐鄉豐田村大平西方。	121° 29’ 46”.93	23° 49’ 59”.14	加五分五十六秒。
	光復鄉舊神社地內。	121° 25’ 6”.81	23° 40’ 37”.40	加五分四十秒。
	玉里鎮觀音山。	121° 21’ 3”.04	23° 23’ 37”.08	加五分二十四秒。
	富里鄉六十石山。	121° 18’ 31”.34	23° 14’ 3”.13	加五分十二秒。
彰化	彰化市八卦山。	120° 32’ 45”.58	24° 4’ 53”.20	加二分八秒。
	花壇鄉白沙坑。	120° 32’ 28”.16	24° 3’ 22”.70	加二分八秒。
	秀水鄉秀水。	120° 30’ 30”.68	24° 2’ 9”.97	加二分。
	芬園鄉舊社。	120° 36’ 18”.75	24° 2’ 9”.68	加二分二十四秒。
	和美鎮大霞田。	120° 30’ 25”.22	24° 5’ 1”.78	加二分。
	大村鄉擺塘。	120° 32’ 47”.38	24° 58’ 50”.76	加二分八秒。
	員林鎮南平。	120° 33’ 44”.65	23° 58’ 6”.74	加二分十二秒。
	埔心鄉埔心。	120° 32’ 22”.45	23° 57’ 17”.61	加二分八秒。
	社頭鄉湳雅。	120° 36’ 42”.72	23° 55’ 59”.52	加二分二十四秒。
	埔鹽鄉南港。	120° 29’ 11”.20	23° 59’ 39”.36	加一分五十六秒。
	溪湖三塊厝。	120° 29’ 55”.36	23° 57’ 59”.90	加一分五十六秒。

雲林	斗六鎮竹圍子大字煙一七四東方道路上。	120° 32’ 23”.40	23° 44’ 53”.86	加二分八秒。
	虎尾鎮過溪子大字一七〇—二。	120° 27’ 41”.72	23° 44’ 1”.21	加一分四十八秒。
	斗南鎮小東大字一七二—一。	120° 27’ 46”.73	23° 41’ 34”.36	加一分四十八秒。
	土庫鎮石廟宇大字二二九—一。	120° 22’ 33”.52	23° 41’ 30”.25	加一分二十八秒。
	二崙鄉油車大字一一六。	120° 22’ 43”.36	23° 48’ 11”.56	加一分二十八秒。
	西螺鎮茄苳大字三三之北方。	120° 28’ 3”.91	23° 47’ 56”.74	加一分五十二秒。
嘉義	嘉義市後湖。	120° 26’ 29”.98	23° 30’ 34”.59	加一分四十四秒。
	民雄鄉松子腳山。	120° 28’ 16”.83	23° 32’ 6”.64	加一分五十二秒。
	朴子鎮小槺榔。	120° 16’ 34”.95	23° 28’ 29”.28	加一分四秒。
	布袋鎮樹林頭。	120° 12’ 26”.70	23° 24’ 47”.77	加四十八秒。
	竹崎鄉交力坪（篤鼻山）。	120° 38’ 18”.34	23° 31’ 25”.31	加二分三十二秒。
	梅山鄉大坪。	120° 36’ 0”.22	23° 34’ 8”.20	加二分二十四秒。
台南	台南市南區光明里鹽埕三三七—一號。	120° 16’ 50”.49	23° 58’ 26”.12	加一分四秒。
	台南市南區喜北里灣裡一三四九—一號。	120° 10’ 5”.81	23° 56’ 50”.49	加四十秒。
	新營鎮後鎮大字九五—一號。	120° 17’ 47”.69	23° 20’ 8”.02	加一分八秒。
	麻豆鎮港子尾大字五五—一號。	120° 11’ 59”.00	23° 12’ 42”.39	加四十四秒。
	佳里鎮佳興大字七四九—一號。	120° 10’ 23”.47	23° 11’ 47”.57	加四十秒。

	新化鎮大坑尾大字一六七—二號。	120°22’57”.53	23°0’39”.82	加一分二十八秒。
	善化鎮東勢寮大字八—一號。	120°19’14”.54	23°9’35”.52	加一分十六秒。
	學甲鄉學甲大字八一二—一號。	120°10’25”.36	23°14’55”.65	加四十秒。
	將軍鄉巷號大字巷四〇—一號。	120°9’14”.99	23°13’28”.29	加三十六秒。
	北門鄉渡子頭大字五二〇—一號。	120°7’52”.30	23°18’47”.38	加二十八秒。
	鹽水鎮田寮大字三八—一號。	120°13’0”.82	23°17’2”.62	加五十二秒。
	左鎮鄉石子崎大字四一七—二號。	120°21’23”.12	23°4’24”.15	加一分二十四秒。
	新市鄉新店大字一七六—一號。	120°16’46”.36	23°4’21”.32	加一分四秒。
	永康鄉新店大字一七六—一號。	120°15’25”.98	23°1’48”.41	加一分。
台東	台東鎮東海路加路蘭山猴子山。	121°11’0”.01	22°48’1”.97	加四分四十四秒。
	台東卑南區知本部落東北呂家溪。	121°4’15”.25	22°42’47”.99	加四分十六秒。
	富里鄉山地界大庄越山。	121°21’10”.27	22°14’46”.56	加五分二十四秒。
	玉里鎮山地界卓溪山。	121°15’37”.69	22°19’46”.21	加五分。
	成功鎮加只來山。	121°18’40”.49	23°4’28”.43	加五分十二秒。
	鹿野鄉月野里龍山。	121°3’37”.84	23°1’48”.91	加四分十二秒。
	綠島。	121°28’31”.91	23°39’15”.11	加五分五十二秒。
	紅頭嶼青蛇山。	121°32’6”.26	22°3’40”.76	加六分八秒。

高雄	高雄市鼓山區萬壽山頂。	120° 15’ 30”.17	22° 38’ 41”.51	加一分。
	小港區糖廠鐵道邊。	120° 20’ 11”.94	22° 50’ 34”.97	加一分二十秒。
	岡山鎮大岡山頂。	120° 29’ 2”.10	22° 53’ 11”.72	加一分五十六秒。
	岡山鎮小岡山斷崖上。	120° 21’ 23”.68	22° 34’ 12”.86	加一分二十四秒。
	旗山鎮北勢。	120° 1’ 40”.16	22° 49’ 9”.48	加一分十六秒。
	旗山鎮圓潭子。	120° 18’ 8”.52	22° 45’ 47”.28	加一分十二秒。
	橋頭鄉橋子頭車端北方。	120° 33’ 48”.92	22° 58’ 16”.50	加二分十二秒。
屏東	屏東市檳榔腳附近。	120° 28’ 37”.92	22° 40’ 57”.43	加一分五十二秒。
	屏東市糖廠南方農路邊。	120° 29’ 0”.04	22° 39’ 37”.71	加一分五十六秒。
	潮州鎮西南方鐵道西邊。	120° 31’ 36”.62	22° 32’ 46”.87	加二分四秒。
	東港鎮往大酒新公路邊。	120° 28’ 25”.46	22° 27’ 31”.57	加一分五十二秒。
	恆春鎮老佛山。	120° 47’ 2”.48	22° 2’ 25”.88	加三分八秒。
	滿州鄉海邊埤亦山。	120° 52’ 23”.88	22° 4’ 24”.99	加三分二十八秒。
	琉璃嶼大寮部落東北山上。	120° 22’ 14”.23	22° 20’ 33”.04	加一分二十八秒。
南京	大石橋測量局天文觀測所。	118° 46’ 56”.50	32° 3’ 26”.47	減四分五十六秒。
上海	徐家匯天文臺近旁。	121° 25’ 41”.10	31° 11’ 32”.37	加五分四十秒。
武昌	蛇山頂炮冰堂後炮臺旁。	114° 18’ 7”.68	30° 32’ 44”.22	減二十二分四十八秒。

重慶	南岸馬家店新舖子。	106° 33' 53".06	29° 31' 54".66	加六分十二秒。
成都	新東門城樓附近。	104° 5' 16".16	30° 39' 35".42	減三分四十秒。
長沙	岳麓山頂。	112° 55' 47".80	28° 11' 31".46	減二十八分二十秒。
衡陽	小南門五里亭。	112° 34' 6".14	26° 55' 13".46	減二十九分四十四秒。
杭州	市區測量局。	120° 9' 28".74	30° 14' 48".12	加三十六秒。
西安	長安縣棗園（距城約十華里）。	108° 52' 7".92	34° 16' 29".94	加十五分二十八秒。
蘭州	皋蘭縣東關外。	103° 50' 57".12	36° 3' 10".28	減四分四十秒。
迪化	迪化南樑東南歸化族公墓旁。	87° 36' 54".80	43° 45' 42".20	減九分三十六秒。
安慶	安慶市對岸大渡口。	117° 2' 45".40	30° 29' 8".39	減十一分三十六秒。
南昌	市區測量天文台（城內東北角）。	115° 53' 41".01	28° 41' 14".07	減十六分二十八秒。
福州	南門外干山路公共體育場。	119° 18' 8".48	26° 4' 38".38	減二分四十八秒。
昆明	東門外約六里小壩明勝公路東側。	102° 44' 9".40	25° 3' 57".84	減九分四秒。
貴陽	南門外萬佛寺後。	106° 42' 51".21	26° 34' 30".13	加六分四十八秒。
廣州	番禹縣北天盛庄二帝廟。	113° 17' 43".12	23° 14' 52".16	減二十八分五十二秒。
桂林	象鼻山苗圃。	110° 17' 17".10	25° 16' 9".00	加二十一分八秒。

⑶時差與定時

地球自轉一周，平均為二十四小時，即命理學上之十二時辰，而一日平均為二十四小時，事實上地球受橢圓軌道影響，自轉一周並非天天都是二十四小時，一年之中，只有新曆四月十五日，六月十五日，八月底或九月一日、二日，十二月底附近等數日，接近二十四小時，或等於二十四小時。其餘則多於二十四小時，或少於二十四小時，相差較大。時差最大的是新曆十一月三日附近，多了約十七分；時差最少的是二月十一日附近少了約近十四分。

茲將太陽經過東經一百二十度子午圈之時間，節錄如下：

民國四十二年：

二月十二日：十二時十四分二十秒。

四月十六日：十一時五十九分五十五秒。

六月十四日：十二時零分零秒。

九月一日：十二時零分七秒。

十一月三日：十一時四十三分三十七秒。

十二月二十五日：十一時五十九分五十四秒。
民國五十五年：
二月十一日：十二時十三分四十一秒。
二月十二日：十二時十三分四十一秒。
四月十三日：十二時零分五秒。
六月十七日：十二時零分二秒。
八月三十一日：十一時五十九分五十四秒。
十一月三日：十一時四十三分零秒。
十二月二十七日：十二時零分一秒。

例一：

民國五十五年二月十一日，通過子午圈時，時鐘為十二時，但實際上時間為十二時十三分四十一秒。少了十三分四十一秒，故應減去十三分四十一秒。

例二：

民國四十二年十一月三日，通過子午圈時，時鐘為十二時，但實際上時間為十一時四十三分三十七秒，多了十六分二十三秒，故修定時差應加十六分二十三秒。

茲節錄吳俊民前輩之時差表，以方便讀者參考。

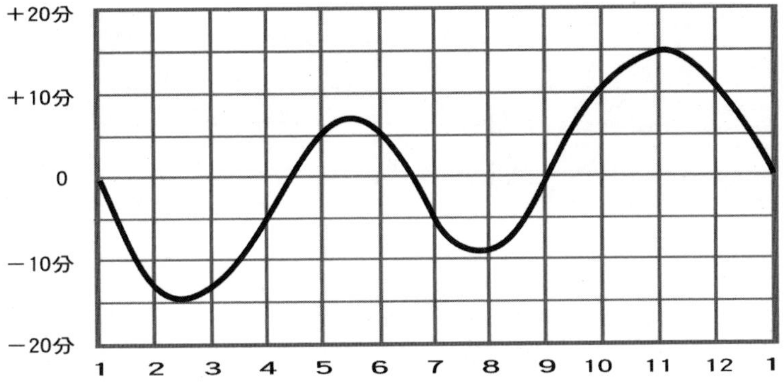

時差表（國曆）

⑷綜合定時

⑴修定日光節約時間：

凡國曆三月一日，到十月三十一日之間出生者，皆須留意核對，該出生之年，是否實施日光節約時間或夏令時間，以便決定是否應調整生辰，減去一小時。

⑵修定中原標準時間：

以台灣地區言，以東經一百二十度為標準統一時區，東經皆高於一百二十度，須各地加分秒，可查表即知。

⑶修定時差：

地球自轉一周，並非每天都是二十四小時，或多於二十四小時，或少於二十四小時不等，此乃橢圓軌道之影響，查時差表（國曆）予以加或減。

例如：民國四十一年農曆四月二十七日上午七時三十分出生。（國曆五月二十日）生於台南市。

1.先調整日光節約時間，減去一小時，為六時三十分。

2.再調整中原標準時間，台南市加約一分四秒，應為六時三十一分。

3.修定時差，新曆五月二十日，應約加七分鐘。應為上午六時三十八分。

正確生辰：修定後，應為農曆四十一年四月二十七日上午六時三十八分出生，即卯時。

(5)排八字、大運之說明與實例

1.年柱排列：以立春為分界點。（有的前輩先生，倡冬至分界，但據余經驗累積，配合流年、流月逼法及地理堪輿印證，以傳統之立春分界無誤。）

2.月柱排列：以節為分界點。（如：立春、驚蟄……。）

3.日柱排列：以半夜十二點，即零時零分為分界點。

4.時柱排列：由早子時至夜子時，共十二時辰。（每二小時等於一時辰。）台灣地區以東經一百二十度之時間，為統一之時間。

5.分柱排列：每十分鐘一柱，擇日應用，論命除非雙生子，或為了參考起見。

6.大運排列：干支各佔五年，共有十年，須背記：陽男陰女順排，陰男陽女逆排；依此原則，才合乎自然界順逆陰陽軌道，以節後幾日為大運交換之依據。亦有人無論男女一律順排大運，依余研創流年、流月、流日逼進法以來，所印證挨排大運之法，仍以前述傳統之原則才正確。愈細密的分析及求證，乃為學習精神之所需，當然花費時間必更多。

7. 六神代號：六神為論命之主要代名詞，須活用、記住，不用查表，即能代入八字裡，如此在推算流年、流月、流日；流時之時，才能得心應手。

另有胎元、胎息、命宮、歲君……神煞等等，應用上時準、時不準，略之。

萬年經用法：（多買兩本參考，以免有誤。）

例：民國七十五年丙寅年農曆一月。

午……（指十一日為甲午日。）十一日甲午。卯正三刻十二分雨水……中氣。

正月小　甲申……（指初一為甲申日。）

辰……（指二十一日為甲辰日。）二十六日己酉。卯初初刻五分驚蟄……節。

說明：

每一時辰，有二小時。前一小時，謂初。後一小時，謂正。每一刻有十五分。故一小時有四刻。小月為二十九日，大月為三十日。

代表一月十一日為甲午日，卯時為上午五點到七點，正三刻十二分，為上午六點五十七分。即這時候開始算交雨水之中氣。

十一日甲午卯正三刻十二分雨水。

二十六日己酉　卯初初刻五分驚蟄。

代表一月二十六日為己酉日，卯時為上午五點到七點，初初刻五分，為上午五點五分，即這時候開始算是交節——驚蟄。

又一月一日為甲申日，依六十甲子推之，二日即為乙酉日。三日為丙戌日，依序而行，若有背記六十甲子，則方便多矣！

◎年柱與月柱排列表㈠

農曆	國曆	節／年干	甲己之年	乙庚之年	丙辛之年	丁壬之年	戊癸之年
正月	二月	立春→驚蟄	丙寅	戊寅	庚寅	壬寅	甲寅
二月	三月	驚蟄→清明	丁卯	己卯	辛卯	癸卯	乙卯
三月	四月	清明→立夏	戊辰	庚辰	壬辰	甲辰	丙辰
四月	五月	立夏→芒種	己巳	辛巳	癸巳	乙巳	丁巳
五月	六月	芒種→小暑	庚午	壬午	甲午	丙午	戊午
六月	七月	小暑→立秋	辛未	癸未	乙未	丁未	己未
七月	八月	立秋→白露	壬申	甲申	丙申	戊申	庚申
八月	九月	白露→寒露	癸酉	乙酉	丁酉	己酉	辛酉
九月	十月	寒露→立冬	甲戌	丙戌	戊戌	庚戌	壬戌
十月	十一月	立冬→大雪	乙亥	丁亥	己亥	辛亥	癸亥
十一月	十二月	大雪→小寒	丙子	戊子	庚子	壬子	甲子
十二月	一月	小寒→立春	丁丑	己丑	辛丑	癸丑	乙丑

訣曰：甲己之年丙作首。乙庚之歲戊為頭。丙辛之年由庚起。

丁壬壬位順行流。戊癸之年起甲寅。

背記方法：甲己——丙。乙庚——戊。丙辛——庚。丁壬——壬。戊癸——甲。

◎日柱與時柱排列表(二)

時柱＼日元	甲己之日	乙庚之日	丙辛之日	丁壬之日	戊癸之日
早子時 00:00↓01:00	甲子	丙子	戊子	庚子	壬子
丑時 01:00↓03:00	乙丑	丁丑	己丑	辛丑	癸丑
寅時 03:00↓05:00	丙寅	戊寅	庚寅	壬寅	甲寅
卯時 05:00↓07:00	丁卯	己卯	辛卯	癸卯	乙卯
辰時 07:00↓09:00	戊辰	庚辰	壬辰	甲辰	丙辰
巳時 09:00↓11:00	己巳	辛巳	癸巳	乙巳	丁巳
午時 11:00↓13:00	庚午	壬午	甲午	丙午	戊午
未時 13:00↓15:00	辛未	癸未	乙未	丁未	己未
申時 15:00↓17:00	壬申	甲申	丙申	戊申	庚申
酉時 17:00↓19:00	癸酉	乙酉	丁酉	己酉	辛酉
戌時 19:00↓21:00	甲戌	丙戌	戊戌	庚戌	壬戌
亥時 21:00↓23:00	乙亥	丁亥	己亥	辛亥	癸亥
夜子時 23:00↓00:00	丙子	戊子	庚子	壬子	甲子

訣曰：甲己還加甲。乙庚丙作初。丙辛從戊起。丁壬庚子居。戊癸何方發，壬子是真途。

背記方法：記甲己起甲子。以後從甲、丙、戊、庚、壬排列過去即是。

◎時柱與分柱排列表(三)

分柱＼時干	甲己時	乙庚時	丙辛時	丁壬時	戊癸時
子分 00:00↓01:00	甲子	丙子	戊子	庚子	壬子
丑分 00:10↓00:20	乙丑	丁丑	己丑	辛丑	癸丑
寅分 00:20↓00:30	丙寅	戊寅	庚寅	壬寅	甲寅
卯分 00:30↓00:40	丁卯	己卯	辛卯	癸卯	乙卯
辰分 00:40↓00:50	戊辰	庚辰	壬辰	甲辰	丙辰
巳分 00:50↓01:00	己巳	辛巳	癸巳	乙巳	丁巳
午分 01:00↓01:10	庚午	壬午	甲午	丙午	戊午
未分 01:10↓01:20	辛未	癸未	乙未	丁未	己未
申分 01:20↓01:30	壬申	甲申	丙申	戊申	庚申
酉分 01:30↓01:40	癸酉	乙酉	丁酉	己酉	辛酉
戌分 01:40↓01:50	甲戌	丙戌	戊戌	庚戌	壬戌
亥分 01:50↓02:00	乙亥	丁亥	己亥	辛亥	癸亥

本表排列原則，與表二方式一樣，背記亦同。

例：甲申時，為下午三點到五點，若三點二十二分，則分柱為丙寅。

若下午四點三十一分，則分柱為癸酉。每十分鐘一柱。

◎天干六神表(四)

日元＼天干	甲木	乙木	丙火	丁火	戊土	己土	庚金	辛金	壬水	癸水
甲木	比肩	劫財	食神	傷官	偏財	正財	偏官	正官	偏印	正印
乙木	劫財	比肩	傷官	食神	正財	偏財	正官	偏官	正印	偏印
丙火	偏印	正印	比肩	劫財	食神	傷官	偏財	正財	偏官	正官
丁火	正印	偏印	劫財	比肩	傷官	食神	正財	偏財	正官	偏官
戊土	偏官	正官	偏印	正印	比肩	劫財	食神	傷官	偏財	正財
己土	正官	偏官	正印	偏印	劫財	比肩	傷官	食神	正財	偏財
庚金	偏財	正財	偏官	正官	偏印	正印	比肩	劫財	食神	傷官
辛金	正財	偏財	正官	偏官	正印	偏印	劫財	比肩	傷官	食神
壬水	食神	傷官	偏財	正財	偏官	正官	偏印	正印	比肩	劫財
癸水	傷官	食神	正財	偏財	正官	偏官	正印	偏印	劫財	比肩

註：劫財即比劫。偏官即七煞或七殺。為避免令人恐怖，宣稱偏官，勿謂七煞。

◎地支六神表(五)

日元＼地支	子 水	丑 土	寅 木	卯 木	辰 土	巳 火	午 火	未 土	申 金	酉 金	戌 土	亥 水
甲 木	正印	正財	比肩	劫財	偏財	食神	傷官	正財	偏官	正官	偏財	偏印
乙 木	偏印	偏財	劫財	比肩	正財	傷官	食神	偏財	正官	偏官	正財	正印
丙 火	正官	傷官	偏印	正印	食神	比肩	劫財	傷官	偏財	正財	食神	偏官
丁 火	偏官	食神	正印	偏印	傷官	劫財	比肩	食神	正財	偏財	傷官	正官
戊 土	正財	劫財	偏官	正官	比肩	偏印	正印	劫財	食神	傷官	比肩	偏財
己 土	偏財	比肩	正官	偏官	劫財	正印	偏印	比肩	傷官	食神	劫財	正財
庚 金	傷官	正財	偏財	正財	偏印	偏官	正官	正印	比肩	劫財	偏印	食神
辛 金	食神	偏印	正財	偏財	正印	正官	偏官	偏印	劫財	比肩	正印	傷官
壬 水	劫財	正官	食神	傷官	偏官	偏財	正財	正官	偏印	正印	偏官	比肩
癸 水	比肩	偏官	傷官	食神	正官	正財	偏財	偏官	正印	偏印	正官	劫財

註：須背記人元微氣藏干，則代入天干六神表，自然清楚。
排八字時，六神皆寫。如：日元甲木，地支有亥水，亥中分別有壬、甲。故須寫上偏印及比肩，在壬、甲之下方。

~~坤~~ ㊄乾

造戊子年五月十三日酉時祥誕（~~國~~ ㊄農 曆三十七年五月十三日酉時）

	根年	苗月	花日	菓時
主星	正財	正財	日元	比肩
四柱	戊土 子水	戊土 午火	乙木 亥水	乙木 酉金
人元	癸	丁己	壬甲	辛
副星	偏印	食神 偏印	正印 劫財	偏官

祖墳吉凶蔭子孫
先天命運之根源
求地種德方獲福
陰陽二宅宜細詳
零正顛倒禍旋踵
修心補相可改運
德善修足劫安然
姓名更易後天性
命名審慎細端詳

民國七十五年一月一日批論命之年三十九歲。

C=B+A

祥誕於芒種後十三日七時辰。

大運於五年十一個月又十日後上運。

每逢甲、己之年立夏後二十三日交換。

虛歲	七	十七	二十七	三十七	四十七	五十七	六十七	七十七
大運	己土 未土	庚金 申金	辛金 酉金	壬水 戌土	癸水 亥水	甲木 子水	乙木 丑土	丙火 寅木
虛歲	十二	二十二	三十二	四十二	五十二	六十二	七十二	八十二

1. 年柱之排列：以立春為分界。查萬年曆，知民國三十六年十二月二十六日卯時為立春，到民國三十八年一月七日午時立春止，此段期間，立春↓到立春。出生者，在年根（年柱）處，須寫下戊土子水。

2. 月柱之排列：以節與節之間為分界線。須背記十二節。如立春、驚蟄……。五月十三日酉時生，介於四月二十九日寅時芒種到六月一日未時小暑之間。查表(一)，以戊、癸之年，對正農曆五月（芒種↓小暑），可查出月柱：戊土午火。

3. 日主之排列：查萬年曆三十七年五月書寫如下：

酉……（五月十一日）

五月大　癸亥………（五月一日）十五丁丑戌正一刻十一分夏至

未……（五月二十一日）

即五月十五日為丁丑日，下午八點二十六分夏至。又五月一日為癸亥日，五月十一日為癸酉日，五月二十一日為癸未日。

依六十甲子推之，五月十一日為癸酉日，五月十二日為甲戌日，五月十三日即是乙亥日，又一個時辰，有兩小時，前一小時為時初，後一小時為時正，每刻為十五分鐘，戌時為晚上七點到九點，故夏至為下午八點二十六分。

4. 時柱之排列：酉時生，須先依生辰核對（含：日光節約時間，中原標準時間，時差。），可先填入「酉」字在時支。查表㈡。看乙、庚日，對正酉時，可查出乙酉。

5.主星、副星、人元之代入：依表（四）及表（五），由日元乙木，逐一對照天干及地支（並填入人元藏干，可看書前面，命理基本知識。），將五行、六神代號填入，天干謂之主星，地支謂之副星。尚有十二補運星省略，神煞一樣。

6.大運上運及交換期：以年干言分陰陽。陽為：甲、丙、戊、庚、壬年生者。陰為：乙、丁、己、辛、癸年生者。

A項：祥誕於芒種後十三日七時辰之求法。先查其五月十三日酉時出生之日，生於何節之後（取最近的），知四月二十九日寅時芒種，而四月有二十九日，由芒種到五月十三日酉時止，核算起來，共有十三日七時辰，故A項寫為：祥誕於芒種後十三日七時辰。

B項：大運於五年十一個月又十日後上運。大運上運之年、月、日，須有一個原則要背記：陽男陰女順行，到節。（即小暑之日），及陰男陽女逆行↓到節。（若本命造為坤命、女命，則須逆推到芒種。）陽男順行到節——小暑，查其共有十七日十時辰。（即由五月十三日酉時，到六月一日未時小暑止。）背記：每三日折合一歲（年），每一日有四個月（三日即等於十二個月，亦為一年。）每一時辰為十日，半時辰為五日。（若十二時辰為一百二十日，等於四個月。）

以十七日除以三日，可知為五年又八個月（剩二日即是八個月），加上十時辰為一百日，即等於三個月又十日。上述加起來，可知上運之日數：為出生後五年十一個月又十日開始上運。

C項：每逢甲、己之年立夏後二十三日交換。乃A項加B項之結果，由於上運為：芒種十三日七時辰算起，計五年十一個月又十日，故加起來（A加B），得知實歲六歲，虛歲則七歲上運，每逢甲、己之年立夏後二十三日交換。因為大運每五年交換一次，故交換期必形成：甲己年、乙庚年、丙辛年、丁壬年，戊癸年等，只要背記天干五合，則即很容易了解。又芒種以第五個月算，加上十一個月，則為十六個月，超過十二個月計一年，加上五年共有六年，又剩下四個月，以立夏代入，十三日加十日共二十三日。故合起來，為出生後，第六年的立夏後二十三日上運，開始的戊年不算，第六年為甲年，又五年後則為己，故每逢甲、己年立夏後二十三日交換。若以虛歲算，則為七歲上運，把七歲依五年、五年加上去，填入表格大運表中。

7. 大運排列原則：

以年干戊土為準，依陽陰女順行，陰男陽女逆行之原則，由月柱開始，逐一排去。即月柱不算，以六十甲子順推或逆推，並填入五行代號。例如：戊年生之陽男順行，由月柱戊午開始，大運往後順排，代入六十甲子，即己未、庚申、辛酉……順排。若戊年生為女命，則陰男陽女逆行，大運逆排填上：丁巳、丙辰、乙卯……。一般大運之排列，最好至少寫七柱或八柱，以免不懂之人，一看壽命怎麼這麼短，而產生心理障礙，排演八字，於初學者，愈多愈佳，亦會在無形中背記下來，但六十甲子則不能投機取巧。此順行及逆行，才合乎自然原則，若謂一律順行，則為陰陽不分，皆印證過，以傳統之論正確。

◎陰女順行之實行排列表：

乾 坤造乙未年五月九日辰時祥誕（國 農曆四十四年五月九日辰）

	根年	苗月	花日	菓時
主星	正財	食神	日元	比肩
四柱	乙土 未水	壬水 午火	庚金 申金	庚金 辰土
人元	己丁乙	丁己	庚戊壬	戊乙癸
副星	正印 正官 正財	正官 正印	比肩 偏印 食神	偏印 正財 傷官

祖墳吉凶蔭子孫
先天命運之根源
求地種德方獲福
陰陽二宅宜細詳
零正顛倒禍旋踵
修心補相可改運
德善修足劫安然
姓名更易後天性
命名審慎細端詳

民國七十五年一月一日批
論命之年三十二歲。

祥誕於芒種後二十一日七時辰。

大運於三年四個月又零日後上運。

每逢戊、癸之年寒露後二十一日交換。

虛歲	大運	虛歲
四	癸水 未土	九
十四	甲木 申金	十九
二十四	乙木 酉金	二十九
三十四	丙火 戌土	三十九
四十四	丁火 亥水	四十九
五十四	戊土 子水	五十九
六十四	己土 丑土	六十九
七十四	庚金 寅木	七十九

◎陰男逆行之實行排列表：

乾（圈選）坤造癸亥年十一月五日卯時祥誕（國農（圈選）曆七十二年十一月五日卯）

	根年	苗月	花日	菓時
主星	傷官	偏財	日元	正印
四柱	水水癸亥	木水甲子	金火庚午	土木己卯
人元	壬甲	癸	丁己	乙
副星	食神 偏財	傷官	正官 正印	正財

祖墳吉凶蔭子孫
先天命運之根源
求地種德方獲福
陰陽二宅宜細詳
零正顛倒禍旋踵
修心補相可改運
德善修足劫安然
姓名更易後天性
命名審慎細端詳

民國七十二年十二月八日批
論命之年一歲。

祥誕於大雪後零日三時辰。

大運於零年一個月又零日後上運。

每逢戊、癸之年小寒後一日交換。

虛歲	一	十一	二十四	三十一	四十一	五十一	六十一	七十一
大運	癸水亥水	壬水戌土	乙木酉金	庚金申金	己土未土	戊土午火	丁火巳火	丙火辰土
虛歲	六	十六	二十六	三十六	四十六	五十六	六十六	七十六

基礎理論分析——沖、剋、合、會

⑴天干五合化（背記）

甲、己合化土。乙、庚合化金。丙、辛合化水。

丁、壬合化木。戊、癸合化火。

合化分：虛情之合，及有情之合，合化與否，視地支來決定。即天干之合化與否，須看地支為主，次看旁邊，地支之合化與否，則看天干及旁邊來決定，以下皆有甚多實例說明，修正一些有差誤之觀念，但須先背記，則自然熟能生巧。所謂虛情之合，應用在人事上，等於：狀若有情實無情，虛情假意沒有誠意，「合」代表合夥、合作、交往之意。有情之合：則乃真心誠意之交往。

◎合化與不合化：

甲木**戌**土　**甲**木**辰**土　**甲**木**午**火　　甲、己合化土。甲木化為戊王。

己土**未**土　**己**土**亥**水　**己**土**酉**金　　此為有情之合，己土本為土。

說明：甲木由於地支坐火、土，甲己合化土，後續力足，其勢必化。但本來的字：甲木，仍須原字保留看，不可完全以戊土看，因甲木若逢大運、流年、流月之壬、癸水，則甲木即會還原為甲木，如同甲木合化戊土，乃因其本身財力不足而入贅，現在逢壬、癸年、月，有貴人助生甲木，使甲木有靠山，不再無依無靠，當然甲木不願再屈居人下，不願再被招贅，從此還其本來面目。但當此壬、癸水走完該流年或流月時，則甲木又須回來合化土，此情如同自然界之生生不息，凡事皆沒有永恆，只有修通中脈，具備佛體，回到外太空、大氣層之最高靈界，才是真正的永恆。

　甲木化為戊土，設若甲木之旁邊，有壬、癸水生甲木，使甲木呈現三心兩意之狀，或大運、流年逢之，都一樣甲木必須還原，和前面所述相同，為助力增加之故，人事上亦會應驗三心兩意之情。

甲木**子**水　**甲**木**子**水　**甲**木**寅**木　**甲**木**申**金　　甲、己合而不化，甲木剋己土。

己土**丑**土　**己**土**卯**木　**己**土**丑**土　**己**土**巳**火　　此為虛情之合，己土本為土。

說明：甲木由於地支並非火、土，知其無化之情，但有合之意，如同人事上變化應用，有合夥、相攀之舉，但缺乏誠意，來意不善，意在不利於己。假若日元為己土，則此甲木代入六神為正官，代表上司，前例合化，為與上司有情，相處愉快；本例不合化，為與上司間不融洽，常受上司之苛責，表面上很有感情，其實對自己不懷好意，虛情之合，虛情假意，完全利用價值。若本例日元己土為女命，則甲木正官為異性、丈夫、上司代入應用，若合化則代表：丈夫有情意，你儂我儂。若合而不化，則為夫君較難十全十美，行事多承擔重責，未婚者，平日交往之友，或易受異性侵害。當然不能只憑如此，即一言斷定，因若旁邊有丙、丁火引化甲木，則無此事，但是逢壬、癸年傷了丙、丁火，此時就有煩心之事；有丙、丁火引化甲木，乃平日無小人之害，逢壬、癸則須夜行小心。另一方面言，前為丙、丁火引化通關，若旁邊有庚、辛金，則為剋住甲木，日元為己土，此庚、辛金代表食神、傷官，亦為我的思想、言行之意，甲木為正官，則此相剋作用，即是與官相抗，有抗拒及個性倔強之含意，但任何判斷，不只憑此而已，整個八字都要看。初學者，勿好高騖遠，想一步登天，該背先背，欲速成才有本錢，此段大略知道即可。八字的活用，實際上很簡單，含括五行相生相剋，即是力量的增加或減少，配合流年、流月逼進法，再代入六神解釋，則天機在握並不難，難在沒有背記基本，進步自然緩慢。工欲善其事，必先利其器。其餘之合化，原理相同，列出在後，但不再說明，天干之合化與否，主要以地支來決定。

乙木 丑土	乙木 未土	乙木 酉金
庚金 辰土	庚金 申金	庚金 午火

乙、庚合化金。乙木化為辛金。此為有情之合，庚金本為金，見壬癸生木，無論命側、歲、運逢之，皆呈三心兩意及還原。

乙木下面坐土、金之生助化神，故乙木棄自己從他人。

乙木 卯木	乙木 巳火	乙木 亥水
庚金 子木	庚金 寅木	庚金 戌土

乙、庚合而不化。庚金剋乙木。

此為虛情之合。庚金本為金。

丙火 辰土	丙火 申金	丙火 子水
辛金 亥水	辛金 亥水	辛金 亥水

丙、辛合化水。丙火、辛金皆化為水。

此為有情之合。（辰土為辰龍水庫。）

丙火化為壬水，辛金化為癸水。見甲、乙木生火，或己土生金，無論命側、歲、運逢之，皆一樣呈三心兩意及還原。

丙火 辰土	丙火 申金	丙火 子水
辛金 未土	辛金 酉金	辛金 巳火

丙、辛合化水。丙火化為壬水。

辛金合而不化。此為真假之合。

丙火戌土　丙火寅木　丙火午火
辛金亥水　辛金亥水　辛金亥水

丙、辛合化水。丙火合而不化。
辛金化為癸水。此為真假之合。

丙火企圖不良，反受辛金癸水之剋，自討苦吃。

丙火戌土　丙火寅木　丙火午火
辛金丑土　辛金卯木　辛金酉金

丙、辛合而不化。丙火剋辛金。
丙火、辛金皆不變。此為虛情之合。

丁火亥水　丁火卯木
壬水寅木　壬水辰土

丁、壬合化木。丁火化為乙木，但有使小火增旺之威。即丁火仍要看。
壬水化為甲木。

此為有情之合，丁卯則使丁火更旺烈。見庚、辛金生水，無論命側、歲、運，皆一樣呈三心兩意及還原，則變為水剋丁火，貌合神離，明爭暗鬥。

丁火亥水　丁火卯木
壬水子水　壬水午火

丁、壬合化木。丁火化為乙木。丁卯使丁火更旺烈。壬水合而不化，有生木之情，卻有傷丁之實，亦為吃虧之合。丁火以受損傷論。

壬水 丁火
寅木 酉金

壬水 丁火
辰土 巳火

丁、壬合化木。丁火合而不化，壬水化為甲木（辰為水庫）。丁火佔便宜，壬水化木生丁火，此為吃虧之合（夥）。

壬水 丁火
子水 丑土

壬水 丁火
午火 巳火

壬水 丁火
申金 未土

壬水 丁火
戌土 酉金

丁、壬合而不化。壬水剋丁火。此為虛情之合。丁壬皆不變。

癸水 戊土
卯木 寅木

癸水 戊土
巳火 午火

戊、癸合化火。戊土化為丙火。但戊土有受丙火生而增旺之勢，即戊土仍要看，天干合化後，仍保留原字之力者，共有丁火及戊土，皆須注意。癸水化為丁火。此為有情之合；但見庚、辛金生水，無論命側、歲、運逢之，皆一樣呈三心兩意及還原，此時正好形成：土金水有通關引化之情，沒有戊土剋癸水之害，但仍須八字全局看生剋為要。所有天干合化，經過還原後，反而化阻為順的，亦只有戊、癸之合。例如：日元為癸水，本來戊癸合為土剋水，有牽制、壓制之意，逢庚、辛金，則轉化為土金水相生，變無情為有情，戊土為正官，庚、辛為印星，正好為官印相生，催官貴。但日元無論合化與否，皆以本來之字看，不能化而有合之情。

戊土寅木　戊土午火
癸水丑土　癸水未土

戊、癸合化火。戊土化為丙火，戊土有增旺之勢，戊土仍要看。癸水合而不化，仍為水。形成土剋水，癸水亦能反撲合化後之火，如同：打架正面打不贏，可以打他的小孩出氣，但仍被揍得很慘。此為真假之合，勾心鬥角之合，亦是吃虧之合。

戊土子木　戊土辰土
癸水卯木　癸水巳火

戊、癸合化火。戊土合而不化，仍為戊土。癸水則化為丁火。戊土有增旺之勢，及佔便宜，佔盡優勢，此為吃虧之合（合夥、交往。）

戊土子水　戊土辰土　戊土申金　戊土戌土
癸水丑土　癸水未土　癸水酉金　癸水亥水

戊、癸合而不化。戊土剋癸水。此為虛情之合，戊、癸皆不變。

◎日元無論合化與否，皆不能化，仍以日元之字看，不能忘本，忘記自己是誰，迷失方向。

◎只要把握住，天干五合，合化與否，決定在地支之力，即能明白。代入大運、流年、月皆同。

◎合化之後，論斷時，其原字仍須顧及，即兩種意義，皆須討論，因其易受流年、月、日激生還原。

(2)地支六合化（背記）

子、丑合化土。　寅、亥合化木。　卯、戌合化火。

辰、酉合化金。　巳、申合化水。　午、未合。（午為太陽，未為太陰，午未之合，本有相生之意，以火生土看。）

戊土	丙火	
子水	子水	子丑合化土。子水化為濕土，己土或丑土。此為有情之合。丑土仍為土不變，見申、酉金生水，無論命側、歲、運逢之，呈三心兩意及還原。
己土	己土	
丑土	丑土	

◎天干或地支之合，本有牽制之意。地支合化與否，全看天下是否為生助化神者決定。

◎地支六合，其論斷上，同天干一樣，合化之後，所屬原來的字，亦須討論，依其五行相生相剋及六神本義，加入判斷，以應複雜之變化，因其亦易受流年、流月、流日影響而還原。

◎地支六合，若位於月支，無論合化與否，全局論斷，仍以月支原字當令，看其餘而分析其他。即共有：日元及月支，皆一律不合化，但有合之情。

甲木	庚金	壬水	
子水	子水	子水	子、丑合而不化。丑土剋子水。

己土	丁火	辛金
丑土	丑土	丑土

此為虛之之合，丑土本為濕土。

乙木	壬水
亥火	寅木

寅、亥合化木。亥水化為甲木，見申、酉金生水，無論命側、歲、運、月逢之，輾轉相生，呈生助更有力。此為吃虧之合，利在寅木之力加強。

己土	壬水	辛金	丙火	癸水	戊土	丁火	甲木
亥水	寅木	亥水	寅木	亥水	寅木	亥水	寅木

寅、亥合而不化。亥水生寅木，此為佔便宜。虛情之合。

庚金	己土
辰土	酉金

辰酉合化金。辰土化為庚金，辰土生金，本有助力之情。此為有情之合。見巳、午火生土，無論命側、歲、運、月逢之，皆呈生助更有力。

甲木	辛金	丙火	乙木	戊土	丁火	壬水	癸水
辰土	酉金	辰土	酉	辰土	酉金	辰土	酉金

辰酉合而不化，辰土生酉金。此為吃虧之合。

癸水	壬水
巳火	申金

巳申合化水。巳火化為壬水，申金化為壬水。此為有情之合。見寅、卯木生火，無論命側己火之旁，或歲、運、月逢之，皆呈巳火三心兩意及還原。見

辰、丑生金，無論命側申金之旁，或歲、運、月逢之，皆呈申金三心兩意及還原。

乙木	壬水
巳火	申金

巳申合化水，巳火合而不化，申金化為壬水，此為真假之合。巳火虛情假意，企圖不良，結果反而受申金化水之剋，居心不良，吃虧在己。

癸水	甲木
巳火	申金
辛金	庚金
巳火	申金

巳申合化水，巳火有生助化神之癸水及辛金在天干，故巳火化為壬水。申金合而不化，但有生水之功，亦為有情之合。

乙木	甲木
巳火	申金
丁火	丙火
巳火	申金
己土	戊土
巳火	申金

巳申合而不化，巳火、申金皆不化。巳火剋申金，此為虛情之合，勾心鬥角之合，因申中壬水能剋巳火。

丁火	丙火
卯木	戌土
丁火	甲木
卯木	戌土

卯戌合化火。丁火在天干助化神，故卯木化為丁火。丙火及甲木在天干生助化神火，故戌土化為丙火。此為有情之合，戌土力量增強，仍須看，乃火生土之故。見亥、子水生木，無論命側卯木之旁，或歲、運、月逢之，皆呈三心兩意及還原。

乙木	丙水
卯木	戊土

卯戌合化火，卯木上面為乙木助，合而不化。戊土有丙助，化為丙火。此為真假之合。卯木剋戊土，皆賴合化後之火引化，終藏波折，來意不善。

乙木	甲木	己土	戊土	辛金	庚金	癸水	壬水
卯木	戊土	卯木	戊土	卯木	戊土	卯木	戊土

卯戌合而不化，卯木皆不化火，甲戌之戌土化丙火，其餘皆不化，形成卯木剋戌土，有合之牛，無合之情，此為虛情之合，勾心鬥角之合。

◎注意重點：

◎天干之合化，決定在地支之助力若何。地支之合化，決定在天干之助力若何。

◎天干或地支，合化之後，於命局配合歲、運、月論斷時，所屬原來的字，亦須討論。

◎天干合化與否，日元之字，皆不能改變，仍以本字日元論命分析其餘，勿忘記自己是誰，造成混亂。

◎地支合化與否，月支之字，皆不能改變，仍以本字月支論命分析其餘，勿忘記季節當令主事者，以免混淆。

◎本篇天干、地支合化實例，以後將會運用到，以活用、了解為主。先背記五合、六合，乃為入門之需。

⑶天干相剋（陽見陽；陰見陰。）（背記）

陽剋陽：庚(金)剋甲(木)。　甲(木)剋戊(土)。　戊(土)剋壬(水)。　壬(水)剋丙(火)。　丙(火)剋庚(金)。

陰剋陰：辛(金)剋乙(木)。　乙(木)剋己(土)。　己(土)剋癸(水)。　癸(水)剋丁(火)。　丁(火)剋辛(金)。

◎假若陽剋陰，如：庚剋乙，則有合之情，依合化與否之情形論。

◎假若陰剋陽，如：辛剋甲，則有不勝其力，無法盡剋棄，但受剋之甲木，仍會受傷，此乃力量輕重之問題。

⑷地支相衝（沖）——六沖。（背記）

子(水)午(火)沖。　丑(土)未(土)沖。　寅(木)申(金)沖。　卯(木)酉(金)沖。　辰(土)戌(土)沖。　巳(火)亥(水)沖。

◎地支相沖，為敵對，為挑戰、撕破臉。若命格八字中，或流年逢遇，有雙子沖午，為兩人揍一人，假若午火居月支當令，則互損其力。一子沖兩午，為一人揍兩人，照樣須產生相剋作用，午火仍須損傷。

◎地支六沖，其隔七位，逢沖，無論命局或歲、月、大運相逢之，則人元中之餘氣，皆須拋棄不見，剩下本氣。如：寅申沖，為金木之戰，寅中的丙戊，及申中的戊壬，皆須拿掉，剩下金木交戰。亦非愈沖愈吉，須依八字格局看聚氣論吉凶。

⑸地支三合局（背記）

申子辰三合水。　巳酉丑三合金。　亥卯未三合木。　寅午戌三合火。

◎所謂三合：即是生、旺、墓。（長生、帝旺、墓庫。）其三合只是力量之團聚加大，並非化為一，亦沒有合化之理。且三合之力，以三合之本氣為中心，缺乏本氣則力量就呈現不足，須逢歲、運助之成三合局，才能完全發揮三合之力。

◎例如：申、子、辰三合水，由於辰土生申金，申金生子水，連成一氣，以子水為主。假若缺乏本氣——子水，則申辰之和，只不過加強申金之力，反而以申金為主，其他申中壬水，及辰中癸水，為濕氣加重而已。假若三合局於八字中，排列隔開，其力亦減弱，即有他字補在中間。簡單地說：亦即仍以八字互相之相生相剋為主。

◎另有半三合：申子、子辰、申辰。　巳酉、酉丑、巳丑。　亥卯、亥未、卯未。　寅午、午戌、寅戌。　仍以其五行生剋論斷。

⑹地支分向會（背記）

巳午未會南火。　寅卯辰會東木。　申酉戌會西金。　亥子丑會北水。辰戌丑未四庫土。

◎方向會和三合局一樣，只是聚氣力量加大，但並非合化。方向會細觀即知，其本氣之力量甚大，於方向會裡，佔有兩個，氣聚一起。論斷上，由此可知力量大小。

◎例如：三合財可達億元以上，若逢歲、運助成三合局，本氣居月，則有五千萬元以上，若命中方向會財，則財氣可達三十億、百億以上，以本氣居月之力為主，當然命中配置及運助，須有足夠力量，助日元取為己用。依照余所累積經驗印證，真正大富之命，反而以年干及月支為傷官，月干為正財或偏財者，較優於其他財星會、合局者，乃財星有衛之故，傷官又主積極、衝勁十足。假若年干為財星，月干為食、傷，則成就又差一大截，此乃排列衛護之重要，分年、月為左，時為右，年為外，月為內，日元亦為內。

(7)地支三刑（知道即可）

寅刑巳。巳刑申。申刑寅。——恃勢之刑。（寅巳申為三刑）

丑刑戌。戌刑未。未刑丑。——無恩之刑。（丑戌未為三刑）

辰刑辰。午刑午。酉刑酉。亥刑亥。——為自刑。（辰、午、酉、亥為自刑。）

子刑卯。卯刑子。——為無禮之刑。

◎一般謂：三刑逢沖橫禍生。未必如此，仍須以整個命局平衡點、生剋、衛護情形為主。刑指刑剋之意，論命上最好不要提到此，以免當事人，心中留下陰影。另有六害——即六穿，及破，牽強附會略之。

(8)天干爭合

例如女命一：

戊　戌　雙丙爭合一辛，

丙　辰　謂：雙人爭情。

例如女命二：

丙　申　三丙爭合一辛，

丙　申　謂三人爭情。

（日元）辛 卯 若流年再逢丙，
丙 申 謂：三人爭情。

（日元）辛 巳 若歲運再逢丙，
丙 申 謂四人爭情（多人）。

◎爭合本以日元為主，若干、支之合，在其他地方，則以前面五合、六合之基礎理論參照之。

(9) 地支合解沖

例一：

丁火	戊土（日元）	壬水	丁火
巳火	申金	寅木	未土

地支寅巳申三刑，其實寅申沖，寅木損力，得巳火合住申金、剋金，使申金無傷寅之力，午時亦可。若為女命非巳、午時，則婚姻多是非，因寅木夫星暗傷。亦即逢六沖，及六合時，皆合一起看相生相剋，勿以六沖大於六合勿視之。

例二：

（日元）

丁火	壬水	戊土	己土
巳火	寅木	申金	未土

巳火由於排列之故，無解開寅申之沖，隔之遙距，心有餘力不足。寅申沖，寅木損力太大，且又巳火洩氣更損力。

例三：

（日元）

丙火	庚金	乙木	庚金
午火	子水	丑土	辰土

地支子午沖。但丑土止住子水，減弱午火受沖剋之力。又由於子水當令，子午相剋又近，午火亦有損力；稱子丑合，但亦子午沖。

例四：

（日元）

丙火	庚金	乙木
午火	子水	丑土

丑土欲合子水，奈自身難保，受寅木剋丑土，無法發揮子丑合土之力。子午之沖，比例三更大，卯時生亦同。

戊土
寅木

◎地支沖合之綜合看，三合亦同，勿拘泥何者力大，以五行相生相剋，及配置位置為憑，沖、合皆須看。以大運、流年、月逢之，產生五行生剋變化，看法同理。但地支每一個地方，皆須代入，察其重點變化，天干代入亦同。再配合左、右衛護之情，以相生相剋產生之力量變化為主，亦即每個字都要看，人生之許多複雜變化，亦須如此細密，才能覺察微妙變化。

◎合就是團聚、合夥、合作之意，天干、地支之意相同。

◎沖就是分開、排拒、拋棄之意，與天干之相剋一樣。

基礎理論——綜合練習（八十六題）

本綜合練習，共有八十六道題，實已包容了所有干、支之沖、合細微變化，以了解活用為原則，基本背記，前面皆已述及。一切變化，全在五行之相生相剋上，勿拘執於傳統之：三合大於半三合，大於六合……，以致逢遇三合及六沖之生剋制化上，造成偏差，愈看愈迷糊，更談不上喜用神在何處。此諸例若能熟練，則於論命上已向前一大步。

(1)

正官甲木　子水正財（甲木化戊土）（是、否）

比肩己土　巳火偏印

日元己土　巳火正印

正官甲木　戊土劫財（甲木化戊土）（是、否）

年：（否）甲木坐子水，後助力甚足，無化之理。

月：（是）甲木坐戌土，其化必然。（假若逢壬、癸運或年、月，則甲木還原，合而不化，為甲木剋己土日元，有情變無情，求財心切（壬、癸年為財星），反而受小人之害、上當，就職上司不利於巳，利益侵害，（甲木為正官、上司），凡事不利變動，因以後流年甲、乙年，官煞帶來更多壓力，天干沒有引化之印星，女命受夫累、擔重責。

(2)

食神丙火　戌土偏財

正財己土　亥水偏印（巳、亥沖）（是、否）

日元甲木　午火傷官（甲木化戊土）（是、否）

正財己土　巳火食神

月：（否）巳亥沖，俗謂遙沖而動。其實遠隔，欲打架手都不夠長。但水剋火，巳火之力有減乃必然。

日：（否）日元甲木合雙己，謂之合財、愛財、重物質。

但日元無論合化與否，皆不化。

(3)

偏官庚金	申金偏官	（卯申暗合、化金）	（是、否）
正財己土	卯木劫財	（己土化木）	（是、否）
日元甲木	辰土偏財	（甲木化戊土）	（是、否）
偏印壬水	申金偏官	（申辰化水）	（是、否）

年：（否）卯申暗合，為卯中乙木，申中庚金相合，實有來意不善之合，即暗藏金剋木。

月：（否）甲己合化土，己土並無失去立場，受坐下卯木影響而陰陽顛倒之理，即沒有甲己合化木，不要混亂。

日：（否）日元無化之理，忘記自己是誰。

時：（否）三合申辰，或申子辰齊全，變化乃在力量團聚上，及五行相生相剋，無化之理。

(4)

正財己土　酉金正官（申酉戌化金）（是、否）
比肩甲木　戌土偏財（甲木化戌土）（是、否）
日元甲木　申金偏官（申子化水）（是、否）
食神丙火　子水正印（夜子時生）

年：（否）申酉戌會酉金。為金之力量所聚，同三合一樣，並無化金之理。

月：（是）甲己合化土，坐戌土必化，坐午火一樣。歲、運、月逢壬、癸為合而不化，還原及剋土。

日：（否）申子合，為金生水，無化水之理，但加強水之力量，全在生剋變化中。

(5)

比肩甲木　寅木比肩（甲木化戌土）（是、否）
正財己土　巳火食神（寅申沖）（是、否）
日元甲木　申金偏官（甲木化戌土）（是、否）
正印癸水　酉金正官（巳申合為火剋金）（是、否）

年：（否）甲木坐寅，後助甚足，甲己合而不化，木剋土，為虛情之合。

月：（否）寅申沖，間隔一巳火，無金剋木之理，且先受巳火合住申金，自身難保。

日：（否）日元甲己合，無論合化與否，皆不變，無化之理。

時：（是）凡天干五合，地支六合，合而不化，皆為剋。

(6)

正財壬水　寅木正官

正官甲木　辰土劫財（甲木化戊土）（是、否）

日元己土　未土比肩

正官甲木　戌土劫財（甲木化戊土）（是、否）

月：（否）甲己合化土，為坐辰土，唯年干壬水生甲木，使甲木三心兩意，還原為甲木，合而不化剋土。

時：（是）此與月不同，助力不足，坐下戌土，合化必然，但逢壬、癸歲、月、運，則須還原為甲木。

(7)

偏財癸水　未土比肩

正官甲木　寅木正官（甲木化戊土）（是、否）
日元己土　卯木偏官（己土化乙木）（是、否）
偏財癸水　酉食神（卯酉沖）（是、否）

月：（否）甲木坐寅，況且又有癸水相生，自然合而不化，甲木剋己土，謂之易被人利用。

日：（否）日元己土，無化之理。

時：（是）卯酉沖，為金剋木，命中無解圍，歲、運、月逢亥、子、巳、午解開其沖剋。

(8)

正官甲木　戌土劫財（甲木化戊土）（是、否）
劫財戊土　辰土劫財（辰戌沖）（是、否）
日元己土　亥水正財（亥水化木）（是、否）
正印丙火　寅木正官

年：（否）合或化，須以鄰旁、鄰近為主，隔開一字則無合化；但逢己年、月、運，甲木則化。

月：（是）辰沖，凡六沖，其內之人元皆剩本氣，如辰、戌剩戊土，再論其他八字之五行生剋。

日：（否）若日元改為乙木，則亥寅合，亥水化為甲木。

(9)

偏財丙火	**子水劫財**	**（丙火化壬水）**	**（是、否）**
食神甲木	**年火正財**	**（子午沖）**	**（是、否）**
日元壬水	**申金偏印**	**（申子合化水）**	**（是、否）**
正印辛金	**亥水比肩**	**（辛金化癸水）**	**（是、否）**

年：（否）丙辛合，間隔有兩個，合而不化，亦無合之情，逢辛年、月、運，則丙火化壬水。

月：（是）水剋火，但彼此子水和午火反有損傷，乃午火當令在月之故。

日：（否）申子合，為金生水，三合無化水之理。

時：（否）丙辛遙合，太遠，無合之情，亦無化之理。但逢丙運、年、月，則辛金須化為癸水。

(10)

正官己土　未土正官

食神甲木　戌土偏官（甲木化戊土）（是、否）

日元壬水　子水劫財

比肩壬水　子水劫財（夜子時生）

月：（否）甲己合，本來應化為戊土，但受時干壬水之生，不是日元之功，甲木剋己土，若無壬、癸則化。亦即請注意，時干可跳過去月干，月干亦可跳過去時干，產生相生相剋作用，不要將日元壬水我拘執而阻隔，此點一般世俗皆誤以為原地不動，地支則無此情，皆因八字中，代表我自己的乃日元，其他各字之生剋為他人與他人，及他人和我之間的變化。

(11)

正官己土　酉金正印

食神甲木　戌土偏官（甲木化戊土）（是、否）

日元壬水　申金偏印（壬水化甲木）（是、否）

正財丁火　未土正官（丁火化乙木）（是、否）

月：（是）甲己合化土，勿因日元壬水，以為可生甲木，亦即日元為當作獨立看。如同我站在山上看生剋變化。

日：（否）日元壬水，勿忘自己是誰，無化之理。

時：（否）丁壬合，丁火坐未，後力不足，無化之理，若未土改為卯木則化，且火更炎。即勿以為未土為墓庫，加上傳統謂：一墓庫、二餘氣、三長生，（指一個墓庫，如辰戌丑未，分別為水火金木之墓庫，等於一個比劫；二餘氣，如辰戌丑未，分別為木金水火之餘氣，辰即寅卯辰木之餘氣，戌即申酉戌金之餘氣，丑即亥子丑水之餘氣，未即巳午未火之餘氣，等於兩個比劫之力量。三長生，意即一個長生，等於三個比劫之力。）仍以其五行看，不要受合、化的迷惑。

(12)

傷官 癸水 丑土 正印

正財 乙木 丑土 正印（乙木化辛金）（是、否）

日元 庚金 申金 比肩

正財 乙木 酉金 劫財（乙木化辛金）（是、否）

月：（否）乙庚合化金，乃坐下丑土有力，生化神金，唯命側癸水生乙木，使乙木三心兩意，還原合而不化，呈金木交戰。

時：（是）乙庚合，乙木化辛金，乃坐下酉金，年癸水遙隔助力不足，但逢壬、癸運、年、月，則須還原為乙木。

(13)

正官丁火　巳火偏官

正財乙木　巳火偏官（乙木化辛金）（是、否）

日元庚金　午火正官

正官丁火　亥水食神（巳亥沖）（是、否）

月：（否）乙木坐巳火，後力不足，乙庚合而不化。

時：（否）巳亥沖，遙隔打不起來。

(14)

傷官癸水　亥水食神

正財乙木　卯木正財（乙木化辛金）（是、否）

日元庚金　寅木偏財（庚金化甲木）（是、否）

劫財辛金　巳火偏官（巳亥沖）　（是、否）

月：（否）乙木坐卯木，旁邊又有癸水生，護衛有力，無化之理。月支則無論合化皆不化。

日：（否）日元本無化之理，更無化木之謬論。只有乙庚合化金，沒有乙庚合化木。

時：（否）巳亥沖，遙隔無力，打不起來。

⒂

正官庚金　辰土正財（辰土化庚金）　（是、否）

比肩乙木　酉金偏官（乙木化辛金）　（是、否）

日元乙木　酉金偏官（乙木化辛金）　（是、否）

正印壬水　午火食神

年：（是）辰酉合，辰土化庚金，乃天干透出庚金助力之故，若庚換甲，則合而不化。

月：（否）乙庚合化金。乃坐酉之故，但壬水生乙，跳過去看，使合而不化。

日：（否）日元乙木，無化之理，合亦嫌遙隔無力。

(16)

正印壬水　申金正官（巳申合，申金化壬水）（是、否）

比肩乙木　巳火傷官（巳丑合金）（是、否）

日元乙木　丑土偏財（乙木化辛金）（是、否）

正官庚金　辰土正財（巳申合，巳火化壬水）（是、否）

年：（是）申金化壬水，乃天干透壬水之故。但壬水換為甲、丙、成、庚皆合而不化。

月：（否）巳丑合，為火生土，除非有申、酉順生，否則徒增土之力量，並非合金，傳統謂半三合金。

日：（否）日元乙木，合官星庚金，無化之理，忘記自己是誰，徒然造成論命之混亂。

時：（否）巳申合，巳火合而不化，月支無化之理，否則季節當令，造成四季混雜，論命無憑依。若月干乙木，換為癸水，則水氣增強，月支仍無化之理。

(17)

偏官辛金　亥水正印（寅亥合，亥水化木）（是、否）

正官庚金　寅木劫財（庚金化甲木）（是、否）

日元乙木　卯木比肩（乙木化辛金）（是、否）

正印壬水　午火食神

年：（否）寅亥合，為水生木，若辛金換為乙木，則亥水化為甲木。

月：（否）乙庚合化金，沒有合化之論。

日：（否）日元有合官——庚金之意，官星來約束自己，無化之理。

(18)

偏財丙火　申金偏印（丙火化壬水）（是、否）

正印辛金　卯木傷官（辛金化癸水）（是、否）

日元壬水　辰土偏官

偏財丙火　午火正財（丙火化壬水）（是、否）

年：（是）丙火坐申金，生化神，故必化為壬水。若申金換辰土或子水，仍舊化水，乃助力足之故。

月：（否）辛金坐卯木，合而不化，形成一化，一不化，一真心，一虛情，為吃虧、佔便宜乃必然。

時：（否）丙火坐午，合而不化，化為拋棄本來，去遷就他人，誠心誠意之謂。

(19)

偏官壬水　寅木偏印（寅亥合，亥水化甲木）（是、否）
正財辛金　亥水偏官（辛金化癸水）（是、否）
日元丙火　申金偏財（丙火化壬水）（是、否）
正財辛金　卯木正印（辛金化癸水）（是、否）

年：（否）寅亥合，月支亥水，皆無化之理，以免季節錯誤，即使辛月干，改乙木亦同。

月：（是）辛金坐亥，合化必然，若亥水換丑、卯、巳、未、酉或壬水換己卯，則皆不化。

日：（否）日元無化之理。

時：（否）辛金坐卯，後勁不足，無化之能。

(20)

劫財壬水　辰土正官
偏印辛金　亥水劫財（辛金化癸水）（是、否）
日元癸水　卯木食神

正財丙火　辰土正官（丙火化壬水）（是、否）

月：（是）丙辛合化水，勿受日元隔在中間所迷惑，剋、合皆同，可跳過論斷。

時：（是）丙火坐辰土水庫，辰土能蓄水，濕氣甚重，故謂逢龍（辰）則化。

(21)

偏官壬水　申金偏財

正財辛金　亥水偏官（辛金化癸水）（是、否）

日元丙火　子水正官

傷官己土　亥水偏官

月：（否）丙辛合化水，坐下亥水，辛金本應化為癸水，但己土在側生金，使辛金呈現三心兩意，雖然丙在己之前，仍應以土生金使還原論。

(22)

偏財庚金　寅木偏印

正財辛金　巳火比肩（辛金化丙火）（是、否）

日元丙火　午火劫財

劫財丁火　**酉**金**止財**

月：（否）丙辛合化水，從無合化火之論。其他天干相合，地支相合皆同理。

(23)

食神甲木　**戌**土**偏官（卯戌合，卯木化丁火）（是、否）**

正財丁火　**卯**木**傷官（丁火化之木）（是、否）**

日元壬水　**寅**木**食神（壬水化甲木）（是、否）**

食神甲木　**辰**土**偏官**

年：（否）卯戌合，戌土化丙火。卯木則月支無化之理，否則以化後之午月論月，更離譜。

月：（是）丁壬合化木，旁側雙甲生，丁火更炎，本來丁壬合化水，丁火獲益最多，亦可不化論，因丁火仍須看。

日：（否）日元無化之理，謂之迷失方向，失去立場。

(24)

傷官乙木　**巳**火**偏財（巳亥沖）**　**（是、否）**

正財丁火　亥水比肩（丁火化乙木）（是、否）
日元壬水　午火正財（壬水化甲木）（是、否）
正財丁火　未土正官（丁火化乙木）（是、否）

年：（是）巳亥沖，水剋火，無解圍。逢未、戌運、年、月入命解圍，反成禍害，失去平衡，因燥土剋去亥水，日元即刻孤立無助，失去平衡，代表受親友累，損財又官符，以戌土入命較嚴重，乃陽見陽之故。
月：（是）丁壬合化木，丁火化乙木，坐下亥水之故，又旁乙木生之，烈火更燃，利在丁火，亦可謂不化。
日：（否）日元無化之理。
時：（否）丁火坐未土，助力不足，無化不足，不能以木庫論，看為燥土，若未土換為亥、卯則化。

(25)
偏官丁火　酉金比肩（丁火化乙木）（是、否）
傷官壬水　寅木正財（壬水化甲木）（是、否）
日元辛金　丑土偏印

劫財庚金　子水 食神（子丑合土，子水化己土）（是、否）

年：（否）丁火坐酉，合而不化。又若無庚金作梗，則壬水化木生丁火。

月：（否）庚金生壬水，合而不化，假若沒有庚、辛金在時，則壬水化為甲木。

時：（否）子丑合而不化，皆庚金之故，若庚改為戊則有力，化為巳土。

(26)

食神壬水　辰土偏印（壬水化甲木）（是、否）

正官丁火　未土正印（丁火化乙木）（是、否）

日元庚金　申金比肩

比肩庚金　辰土偏印

年：（是）壬水坐辰土，丁壬合化木，壬水化為甲木。

月：（否）若未土換卯、亥，則丁火化乙木，且丁火更炎。

(27)

偏官壬水　午火劫財（壬水化丙火）（是、否）

劫財丁火　未土傷官（丁火化乙木）（是、否）

日元丙火　**午**火**劫財**
比肩丙火　**申**金**偏財**

年：（否）丁壬合化木，並無化火之謬論。

月：（否）未土換亥或卯，則丁火化乙木。

(28)

比肩丁火　**巳**火**劫財**　**（丁火化乙火）**　**（是、否）**
正官壬水　**寅**木**正印**　**（壬水化甲木）**　**（是、否）**
日元丁火　**亥**水**正官**
正官壬水　**寅**木**正印**　**（壬水化甲木）**　**（是、否）**

年：（否）坐下巳火，丁火有力，不容棄已從他人，無化之理。

月：（是）丁壬合化木，坐下寅木助力甚夠，化木棄壬，逢庚、辛運、年、月，生水剋
丁，解開丁壬之合。

時：（是）壬水化甲木，同理。逢庚、辛生水，則合而不化，剋傷了火。

(29)

正官丁火 **卯**木**正財（丁火化乙木）（是、否）**

食神壬水 **寅**木**偏財（壬水化甲木）（是、否）**

日元庚金 **戌**土**偏印**

偏財甲木 **申**金**比肩**

年：（是）丁壬合化木，乃坐卯之故，但丁火更炎。

月：（是）壬水坐寅，化木必然。逢庚、辛運、年、月生壬水，使還原且形成水剋丁火。

(30)

食神甲木 **寅**木**食神**

正財丁火 **卯**木**傷官（丁火化乙木）（是、否）**

日元壬水 **寅**木**食神（壬水化甲木）（是、否）**

傷官乙木 **巳**火**偏財**

月：（是）丁火坐卯，丁壬合化木，甲木又生丁，丁火更炎，亦可謂不化。

日：（否）日元沒有合化之理，但有合之情，月支亦同。

(31)
正官戊土 寅木傷官（戊土化丙火）（是、否）
比肩癸水 亥水劫財（癸水化丁火）（是、否）
日元癸水 卯木食神（癸水化丁火）（是、否）
正官戊土 午火偏財（戊土化丙火）（是、否）

年：（是）戊土坐寅木，化火之力足，因木可生火。但戊土仍須看，乃火旺更生土，和丁火化木一樣。

月：（否）癸水坐亥水，不容棄已從他人之火，故合而不化，亥水換卯、巳則化。論斷吉凶極易，逢戊、己、未、戌年，八字無金衛護，官煞攻入，日元受親人之累，乃癸亥在月之故，月柱代表長輩。

日：（否）日元無論如何，都不化。

時：（是）戊土坐午火，助力甚強，化丙火必然，且戊土更旺，和丁壬化木之丁火一樣。

(32)

傷官辛金　丑土劫財（巳丑化金，丑土化金）（是、否）

正財癸水　巳火偏印（癸水化丁火）（是、否）

日元戊土　午火正印（戊土化丙火）（是、否）

正財癸水　丑火劫財（癸水化丁火）（是、否）

年：（否）巳丑合，為火生土，巳丑無合金，亦無化金之理，勿受半三合金所蔽。

月：（否）金生癸水，解其合化，謂之合而不化，傷官生財，但留意逢丁運、年、月剋去辛金，則癸水立刻化為丁火，此乃暗藏合化之意，歲、運造成緣生緣滅。辛金思想受制，丁火長輩約束之故，使相對癸水之力減，即論財運須食、傷、財星一起看，力量增加或減少，辛金受制，為疏忽上當損財，以財換經驗。

日：（否）日元無化之理，有合財、愛財、重物質之性。

時：（否）坐下丑土，藏有濕氣，為濕泥，無化火之激因，除非丑土改為巳火或卯木。

(33)

偏官戊土　子水劫財（戊土化壬水）（是、否）

劫財癸水　亥水比肩（癸水化丁火）（是、否）

日元壬水　辰土偏官
正印辛金　亥水比肩

年：（否）只有戊癸合化火，沒有合化水之謬論。
月：（否）坐下亥水，豐厚有力，無入贅他人化火之理。

(34)

偏官癸水　酉金偏財（癸水化丁火）（是、否）
傷官戊土　午火比肩（戊土化丙火）（是、否）
日元丁火　巳火劫財
偏官癸水　卯木偏印（癸水化丁火）（是、否）

年：（否）癸水坐酉金生之，戊癸合化火，無拋棄自己，從他人之理。
月：（是）戊癸合化火，午火之故，戊土更旺，火土皆看。
時：（是）戊癸合，坐下卯木，化火足矣。隔之日元，照樣合化或牽制。

(35)

偏官壬水　辰土食神

食神戊土　申金偏財　（戊土化丙火）（是、否）

日元丙火　午火劫財

正官癸水　巳火比肩　（癸水化丁火）（是、否）

月：（否）戊土坐申金，戊癸合而不化，戊土仍為戊土，若申改為寅、午則化。

時：（是）戊癸合化火，癸水坐巳火必化，後力足，雖隔日元丙火亦同。

(36)

偏財庚金　申金偏財

食神戊土　子水正官　（戊土化丙火）（是、否）

日元丙火　寅木偏印

正官癸水　巳火比肩　（癸水化丁火）（是、否）

月：（否）戊土坐子水，力量不繼，無法化火。

時：（是）癸水坐巳火，其勢必化，庚金遙隔生水，心有餘力不足，但逢庚、辛運、年、月則還原為癸水。

(37)

偏官癸水　卯木偏印（癸水化丁火）（是、否）
傷官戊土　午火比肩（戌土化丙火）（是、否）
日元丁火　亥水正官
正財庚金　子水偏官

年：（是）癸水坐卯，木可生火，化火必然。
月：（是）戊土坐午，戊癸合化火，戊土力量更強。

(38)

偏財壬水　子水正財
正財癸水　卯木正官（癸水化丁火）（是、否）
日元戊土　午火正印
正財癸水　亥水偏財（癸水化丁火）（是、否）

月：（是）癸水坐卯，化火有力，若庚、辛運、年、月入命，癸水還原，為食、傷生財。
時：（否）癸水坐亥水，輔助有力，更無拋棄癸水原性，去順從火之性。

(39)

偏財壬水　寅木偏官

正財癸水　卯木正官（癸水化丁火）（是、否）

日元戊土　子水正財（戊土化壬水）（是、否）

偏財壬水　子水正財

月：（是）癸水坐卯，化火必然。

日：（否）日元無化之可能，勿忘記自己，更無戊癸合化之論。

(40)

傷官辛金　亥水偏財

正財癸水　巳火偏印（癸水化丁火）（是、否）

日元戊土　寅木偏官

正財癸水　丑土劫財（癸水化丁火）（是、否）

月：（否）癸水坐巳，本合化火，但辛金生助在側，合而不化，逢丁年、月、運剋去辛金，則癸水化丁火。

時：（否）癸水坐丑，無化火之基本要素，丑土改為卯或巳火則化。

(41)

食神戊土　子水　正官（子水化己土）（是、否）
正印乙木　丑土　傷官
日元丙火　子水　正官（子水化己土）（是、否）
偏印甲木　午火　劫財（午火被沖，無解）（是、否）

年：（是）子丑合，子水化己土，乃戊土透出之故。

日：（是）子水亦化土，丙火透出之故。

時：（否）子午之沖，為水剋火，得丑土牽制，合住，土剋水，午火得免於難。若年子換為寅、卯，則丑、午分別受傷。

(42)

正財己土　未土　正財（丑未沖，無解）（是、否）
傷官丁火　丑土　正財
日元甲木　子水　正印（子水化己土）（是、否）

偏印壬水　申金偏官

年：（是）丑未沖，餘氣盡失，剩下兩顆土——本氣，無解。

日：（否）丑土止子水，子水找申金生助一臂之力，謂之地支交戰。若甲木換為丙、戊，有化之趨勢，但亦受申金之生，合而不化。

(43)

比肩壬水　子水劫財（子水化己土）（是、否）

劫財癸水　丑土正官（丑土化癸水）（是、否）

日元壬水　子水劫財（子水化己土）（是、否）

正印辛金　丑土正官

年：（否）子丑合而不化，壬水透出，子水不化，土剋水。

月：（否）月支無論合化與否，皆無化之理，更無子丑化水之論。

日：（否）子水透出壬水，合而不化，日元改丙、戊則化。

(44)

比肩戊土　辰土比肩

食神庚金　申金食神　（申子辰三合化水）　（是、否）
日元戊土　子水正財
比肩戊土　午火正印　（子午沖，午火無解）　（是、否）

月：（否）申子辰三合水，為水聚氣，力量加大，三合皆無化之道。

時：（是）子午沖，為水剋火，當然受傷，若申金換為未、戌、丑，則午火有救，逢運、年、月同。

(45)
偏財丙火　午火正財　（午火被子水沖）　（是、否）
正印辛金　丑土正官
日元壬水　子水劫財　（子化化己土）　（是、否）
偏印庚金　戌土偏官

年：（否）沖、剋、合，凡間隔一字以上，其力已失，況且兩面受丑、戌牽制子水。

日：（否）子水合丑，無化。若日元壬水，改丙或戊則化。

(46)

正財戊金　申金正財

傷官戊土　子水偏官（子水化己土）（是、否）

日元丁火　丑土食神

正官壬水　寅木正印（壬水化甲木）（是、否）

月：（否）本來子丑合化土，戊土透出之故，受申金生水，形成合而不化。

時：（是）丁壬合化木，壬水坐寅之故，逢庚、辛運、年、月壬水得助，還原反剋丁火。

(47)

比肩己土　酉金食神

正印丙火　子水偏財（子水化己土）（是、否）

日元己土　丑土比肩

正官甲木　戌土劫財（甲木化戊土）（是、否）

月：（否）子丑之合，丙火透出，本為化土，旁側酉金生水，又使還原呈三心兩意，但縱使合化，在月支亦無化之理，以免季節用事混淆。

時：（是）甲己合化土，乃坐下戌土之故，逢壬、癸還原。

(48)

正財壬水　寅木正官
食神辛金　亥水正財（亥水化甲木）（是、否）
日元己土　巳火正印（巳火與亥沖）（是、否）
正官甲木　子水偏財（甲木化戊土）（是、否）

月：（否）月支無論合化與否，皆不化，否則徒增混亂。

日：（是）巳亥沖，無解，為水剋火，若寅木換為戌土，則巳火受亥水剋減輕，月支力大之故。

時：（否）甲己合而不化，乃坐下子水之故，衛護有力，不容棄養。

(49)

食神丁火　亥水正印（丁火化乙木）（是、否）
正印壬水　寅木劫財（壬水化甲木）（是、否）
日元乙木　亥水正印（亥水化甲木）（是、否）

正官庚金　**辰**土**正財**

年：（是）丁壬合化木，丁火化乙木，丁火更炎，真情之合。

月：（否）丁壬合本化木，坐寅木之故，受命側庚金之生，反而合而不化，剋丁火，虛偽之合。

日：（是）亥水化甲木，乃乙木透出之故，若辰土改申、酉則不化。

(50)

食神甲木　**申**金**偏印**　**（寅甲有沖）**　**（是、否）**

傷官乙木　**亥**水**比肩**　**（亥水化甲木）**　**（是、否）**

日元壬水　**寅**木**食神**

正印辛金　**丑**土**正官**

年：（否）寅申沖，已隔一字，無沖、失和之情，反而亥水介於中間通關，金生水，水生木。

月：（否）亥水月支無化之理。無論有無申、酉生水皆同。

(51)

正官丁火　亥水食神（亥水化甲木）（是、否）
食神壬水　寅木偏財
日元庚金　申金比肩（寅申沖）（是、否）
比肩庚金　辰土偏印

年：（否）亥寅之合，亥水合而不化，若丁火換為乙木則化。
日：（是）寅申沖，餘氣受損，金剋木，且亥水生寅木，辰土生申金，形成交戰不休。

(52)

正官丁火　亥水食神
食神壬水　寅木偏財
日元庚金　申金比肩（寅申沖）（是、否）
劫財辛金　巳火偏官

日：（否）寅申本沖，金剋木，又寅木居月力大，加上亥水生木，後援有力，形成交戰。但旁有巳火合住申金，火剋金牽制，使寅木得免受傷。一般世俗，若依傳統之六沖大於六合，此部份即會疏忽，一切皆在五行生剋中。

(53)

偏官癸水　亥水劫財（亥水化甲木）（是、否）
正印甲木　寅木正印
日元丁火　亥水正官（亥水化甲木）（是、否）
正官壬水　子水偏官（壬水化甲木）（是、否）

年：（否）寅亥合，癸水透出，亥水有助，合而不化，為水生木。

日：（否）若丁火換為乙木，則合化木。

時：（否）壬水坐子，靠山大，不能拋棄自己，合而不化，為水剋火，虛情之合，皆賴甲木引化官煞，卻嫌濕氣太重，濕木引燃較艱辛，若命局多一個丙、丁火則不會。

(54)

劫財丙火　戌土傷官（辰戌沖）（是、否）
正官壬水　辰土傷官（辰土化庚金）（是、否）
日元丁火　酉金偏財
正印甲木　辰土傷官（辰土化庚金）（是、否）

年：（是）辰戌近沖，連月支之辰中乙、癸亦受傷，濕氣減弱，有利甲木生燃火。

月：（否）月支無論合化與否，皆不化，依五行生剋論。

時：（否）若甲木換為庚金則化為金。

(55)

劫財乙木　亥水偏印（亥水化甲木）（是、否）
偏財戊土　寅木比肩
日元甲木　戌土偏財
偏財戊土　辰土偏財（辰戌沖）（是、否）

年：（是）亥水化甲木，乃乙木透出之故，合化之神透出，自然化之。

時：（是）辰戌近沖，辰戌中之餘氣不見，剩下兩顆戊土。

(56)

比肩庚金　辰土偏印（辰土化庚金）（是、否）
正財乙金　酉木劫財（乙木化辛金）（是、否）
日元庚金　辰土偏印（辰土化庚金）（是、否）

食神壬水　**午**火**正官**

年：（是）辰酉合，辰土化金，乃庚金合化之神透出之故，逢巳、午歲、運、月，辰土還原。

月：（否）乙木坐酉金，合化本自然趨勢。但受壬水之生，反呈三心兩意，還原合而不化。

日：（否）午火生辰土，使後繼有力，辰酉之合，雖庚金透出在天干，辰土亦不化。

(57)

偏財丙火　**辰**土**偏官**　**（辰土化庚金）**　**（是、否）**

正財丁火　**酉**金**正印**

日元壬水　**午**火**正財**

偏印庚金　**戌**土**偏官**　**（午戌化火）**　**（是、否）**

年：（否）辰土得丙火生援，合而不化。

時：（否）三合為力量加大，全在生剋中，無化之理。

(58)
正印己土　丑土正印（巳酉丑化金）（是、否）
傷官癸水　酉金劫財
日元庚金　辰土偏印（辰土化金）（是、否）
劫財辛金　巳火偏官

年：（否）三合為力量團聚，無化之理，全在相生、相剋變化中，且須看其間之排列情形，一氣順生，力量最大。

日：（否）巳火生辰土，後繼有力，不容棄己，合而不化，為火生土，土生金，煞印相生。

(59)
正印己土　未土正印
傷官癸水　酉金劫財
日元庚金　辰土偏印（辰土化庚金）（是、否）
偏印戊土　寅木偏財

日：（否）辰酉本合化金，受寅木剋土，擾亂合化，辰土日身難保，合而不化。

(60)

比肩 庚金　午火 正官
正財 乙木　酉金 劫財（乙木化辛金）（是、否）
日元 庚金　辰土 偏印（辰土化庚金）（是、否）
正財 乙木　酉金 劫財（乙木化辛金）（是、否）

月：（是）乙庚合化金，坐下酉金之故。

日：（是）辰土化金，乃合化之旺神庚金，透出在上，午火雖生辰土，嫌遙隔無力。

時：（是）乙庚合化金，坐下酉金之故。

(61)

傷官 辛金　亥水 偏財（巳亥沖）（是、否）
正財 癸水　巳火 偏印（巳火化壬水）（是、否）
日元 戊土　申金 食神（申金化壬水）（是、否）
正印 丁火　巳火 偏印（巳火化壬水）（是、否）

年：（是）巳亥沖，為水剋火，由於月支當令，形成兩敗俱傷。

月：（否）月支沒有化之理。
日：（否）若戊土換壬水，則申金化水。
時：（否）天干丁火助威，巳申合而不化，火剋金。

(62)
偏官壬水　申金偏財（申金化壬水）（是、否）
正印乙木　巳火比肩（巳火化壬水）（是、否）
日元丙火　寅木偏印
傷官己土　丑土傷官

年：（是）天干化神壬水引出，巳申合，申金化水。
月：（否）月支無論合化與否，皆不化，但有合之情。

(63)
食神丙火　申金偏官（申金化壬水）（是、否）
正印癸水　巳火食神（巳火化壬水）（是、否）
日元甲木　寅木比肩

比肩甲木　子水正印

年：（否）巳申合，丙火透出，合而不化，若丙火改為壬水則化神透出必化。

月：（否）月支無化之理，以免季節用事混亂，但有合、生剋之論。

(64)

食神丙火　申金偏官

正印癸水　巳火食神（巳火化壬水）（是、否）

日元甲木　寅木比肩

偏印壬水　申金偏官

月：（否）同前，月支無化之理。

(65)

偏印乙木　卯木偏印（卯木化丁火）（是、否）

劫財丙火　戌土傷官（戌土化丙火）（是、否）

日元丁火　卯木偏印（卯木化丁火）（是、否）

正財庚金　戌土傷官

年：（否）卯戌合而不化，乃乙木透出助印之故，乙木換丁火則化。

月：（否）月支皆不化。

日：（是）卯戌合化火，乃化神丁火透出之故。

(66)

食神甲木 戌土偏官（戌土化丙火）（是、否）

正財丁火 卯木傷官（卯木化丁火）（是、否）

日元壬水 子水劫財

比肩壬水 寅木食神

年：（是）卯戌合化火，戌土化丙火，乃甲木透出生火之故。

月：（否）月支皆不化。

(67)

正財甲木 戌土正印

偏官丁火 卯木偏財（卯木化丁火）（是、否）

日元辛金 亥水傷官

食神癸水　巳火正官

月：（否）月支皆不化，同日元一樣。

(68)

比肩丁火　酉金偏財

偏財辛金　亥水正官

日元丁火　卯木偏印（卯木化丁火）（是、否）

正財庚金　戌土傷官

日：（否）卯戌合，化神丁引出，本為卯木化火，卻受亥水生而不化，水生木，使木力量加強，來剋戌土。

(69)

比肩丁火　未土食神

食神己土　酉金偏財（卯酉沖）（是、否）

日元丁火　卯木偏印（卯木化丁火）（是、否）

正財庚金　戌土傷官

月：（是）卯酉沖，為金剋木，若時支戌土換為亥水，則形成水生木與酉金相抗，以五行生剋為主，勿受半三合大於六沖所惑。

日：（否）卯戌合化火，卻受酉金剋卯，自身難保，卯木已受傷。

(70)

比肩丁火　巳火劫財（己酉合）（是、否）

食神己土　酉金偏財（卯酉沖）（是、否）

日元丁火　卯木偏印

偏財辛金　亥水正官

年：（否）巳酉合，並非半三合金，其實為虛情之合，火剋金，除非丑土介入其中。本例為獨特須留意五行生剋。

月：（是）卯酉沖，得巳火牽制酉金，但月支當令，故卯木仍受酉金之剋。

(71)

偏財癸水　卯木偏官（卯木化丁火）（是、否）

正財壬木　戌土劫財（戌土化丙火）（是、否）

日元己土　酉金食神（卯酉沖）　　（是、否）
正官甲木　戌土劫財

年：（否）卯戌合，癸水生卯木，不容棄養，合而不化。
月：（否）月支皆無化之理，但有合之情。
日：（否）卯酉沖，遠隔打不起來，只有對罵，起不了作用，勿論遙沖而動。

(72)
正財甲木　戌土正印（戌土化丙火）　（是、否）
偏官丁火　卯木偏財（卯木化丁火）　（是、否）
日元辛金　酉金比肩（卯酉沖）　　　（是、否）
偏印己土　丑土偏印（酉丑合）　　　（是、否）

年：（是）卯戌合化火，甲木生助之故，戌土化丙火。
月：（否）月支無論合化與否，皆以不化論。
日：（是）卯酉近沖，金剋木，無化解之字，逢巳、午、亥、子歲、運月，則引化通關。
時：（是）其實酉丑合，乃土生金，使卯酉之戰更激烈，實為搧火者。

(73)
食神壬水　申金比肩
偏官丙火　午火正官（丙火能剋庚金）（是、否）
日元庚金　子水傷官（子水能沖午火）（是、否）
傷官癸水　未土正印

月：（否）丙火得午火之威，近剋庚金，卻受壬、癸阻礙剋住，無法剋庚，謂之食、傷制煞。

日：（否）子午沖，為水剋火，卻受未土牽制，午火無損。

(74)
傷官癸水　酉金劫財
偏官丙火　辰土偏印（丙火能剋庚金）（是、否）
日元庚金　午火正官（午火能剋申金）（是、否）
偏財甲木　申金比肩

月：（否）丙火欲剋庚金，雖得甲木助威，卻受癸水坐金剋丙在先，自身難保，謂傷官制煞，但逢戊、己年、月運剋去癸水，卻能轉化丙火，化強制手段（傷官制煞），為溫和手段。

日：（是）午火剋申金，受辰土分洩其威，代表午申吵架，辰土勸架，但因近剋己挨揍，只是剋住力量減輕。

(75)

偏印癸水　酉金偏官

偏財己土　未土偏財（己土能剋癸水）（是、否）

日元乙木　卯木比肩（卯木能剋未土）（是、否）

比肩乙木　酉金偏官

月：（是）己土剋住癸水，本來時干乙木有牽制之力，乙木欲剋己土，奈自身難保，坐下酉金，動彈不得。若地支卯木改為巳、午火則牽制酉金，乙木則可剋己救癸，如此輾轉牽制、相剋救助，謂之制化重重。但論流年吉凶，則有簡便法，一望即知，乃看各組六神之損傷及增加力量，配合流年、流月逼進法。

日：（否）卯酉沖，金剋木，自身不保，何能木剋土，此處勿受只看卯未合，不看卯酉沖之惑。仍以五行生剋為主。

(76)

偏印癸水　未土偏財

偏財己土　未土偏財（己土能剋癸水）（是、否）

日元乙木　卯木比肩

傷官丙火　戌土正財

月：（是）己土剋癸水，勿以為日元乙木，可剋己土救癸水，日元應獨立看。

(77)

傷官己土　巳火比肩（己土能剋壬水）（是、否）

偏官壬水　申金偏財

日元丙火　午火劫財（午火能剋申金）（是、否）

食神戊土　子水正官

年：（是）己土剋壬水，謂己土混壬，可剋壬水，卻無法盡剋，陰柔陽剛之故。

日：（否）午火欲剋申金，受子水牽制，午火自身難保，子水換為亥水一樣有牽制。

(78)

食神辛金　丑土比肩（辛金能剋乙木）（是、否）

偏官乙木　未土比肩（丑未沖）（是、否）

日元己土　卯木偏官（卯未合）（是、否）

偏財癸水　酉金食神（癸水生乙木）（是、否）

年：（是）辛金剋乙木，近剋無解，辛金欺侮乙木，乙木找癸水討回公道助力、評理亦無用，辛金照樣揍乙木。

月：（是）丑未沖，餘氣皆損，即丑中辛癸，未中丁乙，都須拿掉，若無酉金制卯木，照樣丑未沖。

日：（否）卯酉沖，金剋木，卯木已損，自身難保，卯未不能合己，且卯未本為木剋土。若癸水換為丁火，對酉金言，有些微牽制之力量，但仍照樣卯酉沖剋，乃天干代表外表，地支代表內部、臟，以地支根深之故。

時：（是）癸水生乙木，與辛金相抗，奈辛金仍剋乙木，乙木完全挨打，除非逢丙、丁歲、運、月才能反擊。

(79)

偏印癸水　巳火傷官
正財戊土　午火食神
日元乙木　酉金偏官（卯酉沖剋）（是、否）
偏財己土　卯木比肩

日：（否）卯酉沖，金剋木，但午火剋住酉金，援救卯木免於難。但逢申、酉歲、運、月，照樣金剋木攻入，勿以為命中有巳、午火保護傷不了，此即力量加減之問題，申、酉年入命，八字酉金之力量增加，卯木有損，力量減弱，受此卯木朋友之累，見口舌、官符，乃必然之事，只是巳、午食傷思想有力、反應快，可避開官符。

(80)

偏官戊土　辰土偏官（辰戌沖）（是、否）
比肩壬水　戌土偏官
日元壬水　寅木食神
偏財丙火　午火正財（寅午戌三合化火）（是、否）

年：（是）辰戌沖，餘氣盡失，一般謂寅午戌三合火，大於六沖，其實應看全局生剋而定。

時：（否）三合火，為力量加大，但無化火之理。

(81)

偏財癸水　酉金食神（卯酉能沖）（是、否）
偏官乙木　卯木偏官（亥卯未三合化木）（是、否）
日元己土　亥水正財
食神辛金　未土比肩

年：（是）卯酉沖，金剋木，月支卯木當令，故雖金剋木，卻形成兩敗俱傷，不要誤以為：木旺金缺傷不了：逢流年、大運申、酉，照樣砍伐，也是一樣。此乃輕重問題，亦即木旺金缺，木照樣會受傷。

月：（否）亥卯未三合化木，無化之理，但力量加強，主力在亥卯。此處排列，未土即有些微損害亥水。

(82)

食神庚金　申金食神（申子辰三合化水）（是、否）

比肩戊土　子水正財
日元戊土　辰土比肩
偏財壬水　戌土比肩（辰戌沖）（是、否）

年：（否）三合皆無化之理，但力量加大。

時：（是）辰戌沖，近沖自然之事，餘氣盡失，勿以三合較大，不去論六沖，全在五行生剋中。

(83)

劫財乙木　卯木劫財
劫財乙木　酉金正官（卯酉沖）（是、否）
日元甲木　午火傷官（午火能剋酉金）（是、否）
食神丙火　寅木比肩

月：（是）月支酉金當令，唯然午火剋酉金，照樣能酉卯沖，金剋木，月支當旺之故。

日：（是）午火剋酉金，雖酉金當令，照樣使酉金損力。況且又抓個寅木生火相助。論斷上，即昃平日易受友人寅、卯之搧惑，木生火，與官相抗，與上司、法律挑戰，此諸例若能熟練，則在五行生剋上，已向前邁了一大步，欲進一步判斷流年吉凶，只要了解原理，則已易如反掌，且無形中，精神貫注，捧頭念力會增加。

(84)

劫財乙木　卯木劫財

劫財乙木　酉金正官（卯酉沖）（是、否）

日元甲木　午火傷官

比肩甲木　子水正印（子午沖）（是、否）

月：（是）卯酉沖，金剋木，午火欲救乏力，自身難保，子水沖午火。

時：（是）午火欲剋酉金，欲受子水牽制，自身不保。

(85)

傷官戊土　辰土傷官（辰土變為戊土）（是、否）

正官壬水　戌土傷官（辰戌沖）（是、否）

日元丁火　丑土食神（丑土變為己土）（是、否）

比肩丁火　未土食神（丑未沖）（是、否）

年：（是）辰戌沖，餘氣皆盡棄，剩下戊土。

月：（是）辰戌沖，剩下兩顆土。
日：（是）丑未沖，餘氣盡失，剩下己土。
時：（是）丑未沖，剩下兩個己土。

(86)
比肩丁火 巳火劫財
劫財丙火 午火比肩
日元丁火 未土食神
偏財辛金 丑土食神（丑土變為巳土）（是、否）
時：（是）丑未沖，餘氣盡失，剩下兩個巳土。

沖剋合會與行運、流年、流月應用實例

本文乃全篇綜合練習的延伸，配合大運、流年、流月所造成之細微變化，須先於基礎理論上，有了解概念，本篇應用才能更得心應手，按步就班，循序而進，此基礎不固，妄求一步登天，學會排八字，馬上冀求喜用神之尋求，流年、論命之判斷，皆乃言之過早。一般人研討起此綜合練習時，精神深入集中，傷腦筋乃必然之事。基礎先紮穩，依本書之內容排列課程，循序而讀，勿貪快、多，自然水到渠成。曾經學習過傳統者，由於觀念先入為主，難免形成阻力更多，只要拋棄執著心，細心去體會，獲益就會比別人多，有業餘之朋友，在研究本書之過程中，會有論命不知所措之感，此乃自己所學之傳統觀念，與本書之新修正理論相抵觸，能暫時拋開雜事，細心了解，修正觀念，則很快即能融會貫通。一個流年、流月、流日的新理論研創，相對必有許多新基礎理論之修正，其中辛苦研究，日日不斷，思來真是難以言盡。

至於喜用神之探尋，其實甚為容易，下冊「八字平衡點」專文、專題研討，期使突破算分數，查窮通寶鑑論命之困境，一看即知：八字平衡點在何處，一言道出凶年凶月在何時，對症下藥，再深入判知發生何事，分門別類，了悟天機。而此基礎理論，務必了解，以期為根本。

例一：乾造　民國十三年四月七日戌時

正官	甲	子	偏財
比肩	己	巳	正印
日元	己	丑	比肩
正官	甲	戌	劫財

十庚	午十五
二十辛	未二十五
三十壬	申三十五
四十癸	酉四十五
五十甲	戌五十五
六十乙	亥六十五
七十丙	子七十五

生於　立夏後四日九時辰。
大運於八年十個月後上運。
每逢戊、癸年驚蟄後四日交換。

◎說明：

(1)甲戌大運，甲木坐戌土，於甲運五十歲（癸丑年）驚蟄後四日—五十五歲（戊午年）驚蟄後四日止，甲木與命中己土合化為土，以戊土看。代表與官交往（甲木為正官），有巳火輾轉引化，官印相生，催貴、責任加重；化為戊土劫財—朋友，為與上司、官員相處融洽如手足。在五十歲癸丑年之流年，甲木須還原，合而不化，甲木攻入己土，受上司之侵害。

(2)大運在壬申、癸酉運。壬水三十歲驚蟄後四日↓三十五歲驚蟄後四日，及癸水四十歲驚蟄後四日↓四十五歲驚蟄後四日止，各生雙甲，使甲木還原，合而不化，轉為木剋土，有情變無情。

(3)流年逢遇壬、癸年時，如：六十一年壬子年，六十二年癸壬年，皆一樣生甲木，使有助力，使甲木還原，形成虛情之合，十剋土。發生何事，須配合六神代入，再依外來之事——流年、大運，看使自己——八字發生何事變化。

(4)流年、流月逢之皆同，甲子年或己未年之甲戌月，與命中己土合化土亦是。流年勿因甲子年，坐下子水，即認定合而不化，須以月令帶動年。如：甲子年之甲戌月，甲木以戊土看，當乙亥月之亥水引入時，甲木即還原以甲木看，一直到甲木走完時，即次年乙丑年庚辰月，此時子水流年尚在走，此段期間，甲木仍舊是甲木看。（詳流年逼進法。）

(5)逢未、戌運及流年入命時，剋住子水，沒有化解，甲子之甲木化為戊土。甲木官星無情變有情，卻須付出代價，才能得其貴，即子水受傷，八字唯一的錢財不見，一般稱之劫財運此運非吉，財星受傷，廣結人緣，來意在財，支局腹內皆火，虛火上升晦氣色，遲睡、熬夜常見為其因。此情大略知道即可，詳情於論格局時說明。

例二：乾造　民國三十二年十二月二十二日酉時

傷官癸	未正印	五甲	子十
正財乙	丑正印	十五癸	亥二十
日元庚	辰偏印	二十五壬	戌三十
正財乙	酉劫財	三十五辛	酉四十
		四十五庚	申五十
生於	小寒後十一日。	五十五己	未六十

大運於三年八個月後上運。

每逢丁、壬年白露後十一日交換。

六十五戊午七十

七十五丁巳八十

◎說明：

(1)合化或解開其合，並非能解釋其吉凶，但為判斷變化之據，也是論斷之根本。

(2)癸運十五歲白露後十一日－二十歲白露後十一日，及壬運二十五歲（丁未年）白露後十一日—三十歲（壬子年）白露後十一日。此壬、癸主事，生助乙酉時柱之乙木，使乙木還原，依您看是吉或凶呢？其理簡單，於命局謂之；食神生財或傷官生財，本受牽制之財——乙木，得以引化，即金生水，水生木，財星力量增加，本為死錢、不能活用之錢財、不動產，此水運、流年，財源能取為用。本來賣不出去之不動產，此時可活用、賣出去。且財由於本身食、傷言行努力而更旺。

(3)若於己運五十五歲（丁丑年）白露後十一日—六十歲（壬午年）白露後十一日止。戊運六十五歲（丁亥年）白露後十一日—七十歲（壬辰年）白露後十一日止，則牽制命中癸水，使乙丑之乙木合化金，土剋水，相對木之力量亦減弱，即錢財減少，失去平衡，亦非吉兆。而戊運坐午火，戊癸合，戊土化火，使火、土更旺，逢戊、己年、月同理。

(4)論斷上，其實很簡單，要問錢財事，只要看食、傷、財星之力量增加或減少即知。當然其他命例上，另有須看官印相生者，即其貴氣之存在與否而論。此例為看食、傷生財。

例三：乾造　民國三十七年十二月十二日午時

偏印戊	子傷官
正財乙	丑正印
日元庚	子傷官
食神壬	午正官

十丙	寅十五
二十丁	卯二十五
三十戊	辰三十五
四十己	巳四十五
五十庚	午五十五
六十辛	未六十五
七十壬	申七十五
八十癸	酉八十五

生於小寒後四日六時辰。

大運於八年四個月後上運。

每逢丁、壬年立夏後四日交換。

◎說明：

(1)子午沖損午火，受丑土牽制，午火尚存，方免陰氣重，陰森小人。但如此卻暗藏危機，亦是余常謂之：潛在激因。逢申運七十五歲（壬寅年）立夏後四日—八十歲（丁未年）立夏後四日止，及酉運八十五歲（壬子年）立夏後四日↓九十歲（丁巳年）立夏後四日止，此申、酉金入命，增加子水之後援，同時解開子丑之合，丑土生金，金生水剋午火，使命局與官相抗，老年生口舌、是非。若申、酉運在青年時期或中年，謂之與官相抗，心生異動，與上司多是非，意氣用事，於己不利，因為火熄一片寒凍，有志難伸，埋怨申、酉朋友入命連累，替人出力，打抱不平，後悔皆遲。其餘逢流年、月申、酉亦同，如六十九年庚申年，七十年辛酉年。

(2)由於寒冬午火調候，本有丑土牽制子水，此時逢申、酉反而火熄，失去調候作用，寒凍、消沉乃必然相對，以自然現象，解釋人事之變化，不要以為八字冬生有火調候，就火氣永遠存在，受流年、大運金、水侵害，亦會失去平衡的。

流年秘訣——流年、流月、流日逼進法

傳統之論法：

(1)流年為：每年的立春，到次年的立春。

(2)流年之天干論上半年，地支論下半年。（如：丙寅年，丙火為上半年，寅木為下半年。）

(3)流年之月令（流月），只論天干及子、午、酉月等地支。

(4)配以神煞、十二歲君，或代入三刑、沖、剋、刑即論凶，代入五合、三合、六合即論吉，或天、月德，三奇貴人……等等五星神煞論吉凶。

事實上，欲洞悉天機，以上諸論無法完全解釋，尚牽涉到流月、流日、流年之細微變化。余曾將流月逼進法，書於「八字洩天機」上冊，由此流月逼進法，配合上、中冊預言及地運主事之丁火，相信讀者更能掌握之。自從上冊出書至今三年整，大致上一般讀者，據余所知，對於流月逼進法之活用已能熟練。

對於初學者言，本篇流年秘訣，若六十甲子已有背記，則了解會更快。一切論斷上，皆不能缺乏流年、流月、流日之逼進法，取喜用神，看吉凶皆一樣；本文若能活用，則無形中會眼光放遠，如同站在高山上，看人生之生、老、病、死變化；無形中對於事情之看法，看得更深入，心胸更開闊，常用之至熟練時，自能對事情不會太執著，更易解脫輪迴之束縛，乃眼光放大、放遠之故。若以紫微斗數推算，常常每個時辰之變化，須留在無形中，將心胸縮小束縛，此乃習慣成自然之故，對於將來解脫輪迴，是一大阻力，願勿忽視之！若以八字推算每個時辰，每十分鐘之變化亦可，但余認為知之即可，不要養成習慣，以免作繭自縛。

推算流年，以流年之來龍去脈為主，再配合流月變化，譬如：七十五年丙寅年，寅木為寅月到申月，此段期間，任何事情發生，皆以寅木為大事，若日元為丙、丁火，則此為寅木印星入命，知道凡事皆與印星有關，其中流月之經過，也是為了配合印星之進行，即以流年主力為主，其他流月為輔，程度高的人，只要知道日元為何者，即能知道其發生何事。若進一步，將眼光放遠，則知從七十三年甲子年之甲戌月，引入甲木後，經歷乙丑年、丙寅年、丁卯年等，到丁卯年之己酉月止，停止卯木，此段期間，皆為日元丙、丁火之印星，此即更深入之「流年逼進法」，凡日元丙、丁火者，皆為學習、近仙佛、近賢者之時，無論做任何事，收穫都在累積經驗、知識，紮下根基，以便將來從七十七年戊辰年後，接連四年，到辛未年，鴻圖大展，一生之學習（含五術、玄學），以此三年收穫最多且連貫。因為以後六十甲子之運行，逢木之年則已分開成二年矣！即甲乙和寅卯年。若求財上，由於印星會牽制食、傷，使八字錢財減少，故知有許多投資機會，但皆須財緊；其中丙寅年，由於木、火分開，尚不致構成妨礙，仍有利可圖，丁卯年則依流月運行，木火連在一起，使日元丙、丁火者，命中之食、傷、財星皆受傷，在上半年已見，當申月後，一連金、水流月，則為受困期，依照地運推算，斯時國際多逆流，乃木、火流年之止，將換另一個五行：土。亦即每逢天干或地支，流年之五行更改時，皆須更留意流月之變化。後面「流年逼進法」之說明來去，活用則為此。

本篇細看研讀之後，仍須參看上冊「八字洩天機」，書後流年秘訣部分，則更能有深刻了解。初學者，配合實際體會，流年、流月之逼進活用，約兩年到三年時光，如此自然更能得心應手。

(1)流月逼進法

1.民國七十四年（乙丑年）：
乙木：起於甲申、乙酉月，終於丙寅年庚寅月或辛卯月。
丑土：起於己丑月，終於丙寅年乙未月。
2.民國七十五年（丙寅年）：
丙火：起於丙申月，終於丁卯年壬寅月或癸卯月。
寅木：起於庚寅月，終於丙申月。
3.民國七十六年（丁卯年）：
丁火：起於丙午、丁未月，終於壬子月或癸丑月。
卯木：起於壬寅、癸卯月，終於己酉月。
4.民國七十七年（戊辰年）：
戊土：起戊午月，終於甲子月或乙丑月。
辰土：起於丙辰月，終於壬戌月。
5.民國七十八（己巳年）：
己土：起成戊辰月、己巳月，終於乙亥月。
巳火：起於己巳月，終於乙亥月、丙子月。
6.民國七十九年（庚午年）：

庚金：起於庚辰月，終於丙戌月、丁亥月。

午火：起於辛巳、壬午月，終於丁亥、戊子月。

7.民國八十年（辛未年）：

辛金：起於庚寅、辛卯月，暫終於丙申、丁酉月。（酉月中旬，丁火走完時，辛金復活，繼續進行。）再加重起於庚子、辛丑月，終於壬申年丙午、丁未月。

未土：起於乙未月，終於辛丑月。

8.民國八十一年（壬申年）：

壬水：起於壬寅月，暫終於戊申、己酉月。（酉月中旬，己土走完時，壬水復活，繼續進行。）再加重起於壬子月，終於癸酉年戊午、己未月。（接下轉換月：庚申、辛酉、壬戌月等，仍不利於金水者，一氣相連。）

申金：起於戊申月，終於癸酉年甲寅、丁巳、戊午月。對於徵兆期，此申金比較特殊，在前面未年之申、酉月後，即引動造因，如：友借錢財，斯時開始種因、防患，於申年申月引發、損財。

9.民國八十二年（癸酉年）：

癸水：起於壬戌、癸亥月，（徵兆期為庚申、辛酉月之壬、癸日，金生水之故。）終於甲戌年戊辰、己巳月。

酉金：起於庚申、辛酉月，終於甲戌年丁卯、己巳、庚午月。

10. 民國八十三年（甲戌年）：

甲木：起於甲戌月，終於乙亥年庚辰、辛巳見。

戌土：起於甲戌月，終於乙亥年庚辰月。

11. 民國八十四年（乙亥年）：

乙木：起於甲申、乙酉月，終於丙子年庚寅、辛卯月。

亥水：起於丁亥月，終於丙子年癸巳、甲午、乙未月。

12. 民國八十五年（丙子年）：

丙火：起於丙申月，終於丁丑年壬寅、癸卯月。

子水：起於己亥、庚子月，終於丁丑年丙午、丁未月。

13. 民國八十六年（丁丑年）：

丁火：起於丙年、丁未月，終於壬子、癸丑月。

丑土：起於癸丑月，終於戊寅年己未月。

14. 民國八十七年（戊寅年）：

戊土：起於戊午月，終於甲子月。

寅木：起於甲寅月，終於庚申月。

15.民國八十八年（己卯年）

己土：起於戊辰、己巳月，終於乙亥月。

卯木：起於丙寅、丁卯月，終於癸酉月。

16.民國八十九年（庚辰年）：

庚金：起於庚辰月，終於丙戌月。

辰土：起於庚辰月。終於丙戌月。

說明：以上流月逼進法之說明，在上冊八字洩天機已有詳述，不再重複，另外不一樣的地方，乃流年引動時，須注意一點，若為陰干則須將徵兆期之流月，往前移；譬如：七十四年乙丑年，本來乙木在乙酉月才引入，但因前面己有甲申月，同樣五行甲木，故須由甲申月即配合參看。丁年則從丙午月開始，甚至前面乙巳月之下半月巳火引入時即須看；其他己年從戊辰月。辛年從庚寅月開始，皆屬於徵兆發生期。另外若地支也一樣，例如：丁卯年，卯木從壬寅月開始引動，不要等到癸卯月。庚午年，年火從辛巳月之巳火即引動徵兆。癸酉年，酉金從庚申月即引動。丙子年，子水從己亥月開始引動。亦即簡單地說，大致上仍依照上冊流年秘訣所述，再配合引動之前一個月，或戊連貫相同五行之流月，此項修正，乃為上冊出版以後，經過半年求證發現而得。各流年之演進，以丑年及寅年引入時，最為複雜，但若能活用者，反而簡單，譬如：前述日元丙、丁火者，在七十五年丙寅年，上半年寅木為印星求知，為磨練階段，若再配合七十四年乙丑年己丑月，引入丑土為食傷，代表發揮才華，一直到七十五年乙未月止，綜合起來說，即是這一段期間，一邊發展求財，身兼數職，一邊在求知學習及投資。

⑵流年逼進法

流年逼進法，乃流月逼進法之延伸運用，只不過將視野放遠觀察。於此部分了解，則流月、流日之細密分析，更能清楚。而此項延伸，乃分為十天干及十二地支進行，各成兩組（即五行分組）分述如下：

◎十天干之應用：

⑴甲、乙年：起於甲年之甲戌月，終於丙年之庚寅、辛卯月。（木年）

⑵丙、丁年：起於丙年之丙申月，終於丁年之壬子、癸丑月。（火年）

⑶戊、己年：起於戊年之戊午月，終於己年之甲戌、乙亥月。（土年）

⑷庚、癸年：起於庚年之庚辰月，終於壬年之丙午、丁未月。（金年）

⑸壬、癸年：起於壬年之壬寅月，終於甲年之戊辰、己巳月。（水年）

◎十天干說明：

七十三年甲子年：
七十四年乙丑年：}喜、忌神在干木者，此兩年連貫，依流月引入。

七十五年丙寅年：
七十六年丁卯年：}喜、忌神在干火者，此兩年連貫，依流月引入。

七十七年戊辰年：
七十八年己巳年：}喜、忌神在干土者，此兩年連貫，依流月引入。

七十九年庚午年：
八十年辛未年：}喜、忌神在干金者，此兩年連貫，依流月引入。

八十一年壬申年：
八十二年癸酉年：}喜、忌神在干水者，此兩年連貫，依流月引入。

以上為流年分成五行五種，每兩年發生之事，都會有其共同性。而一般流年約可分成此五種吉凶，形成月圓月缺，此吉彼凶之自然界平衡狀態，較吉者為分成：⑴木火土⑵金水木等兩組。此乃五行一燥、一濕之故，調候現象亦同理，代入流年分吉凶變化，喜火或喜濕氣金、水，其理相同。若木火土皆吉者，則甲、乙、丙、丁、戊、己年皆有喜意，為凶者反之。若金水皆吉者，則庚、辛、壬、癸年皆有喜意，為凶者反之。由天干之流年演進，綜合了地支之流年演進，更應注意相同燥、濕之連貫性，能如此活用，則對於流年逼進法之運用，才算是真正掌握天機。

◎十二地支之應用：

(1)寅、卯年：起於寅年之寅月，終於卯年之酉月。

(2)巳、午年：起於巳年之巳月，終於午年之子月。

(3)申、酉年：起於申年之申月，終於戌年之卯月、巳、午月。

(4)亥、子年：起於亥年之亥月，終於丑年之午、未月。

(5)辰、戌、丑、未年：各獨立看，再配合前後流年參看，一般此四年為緩衝年，介於兩種五行之交界年，有介於木火之流年中間擾亂，使吉者生凶，凶者緩和之辰年。又如未土介於火、金年，一燥一濕之交界年，乃吉者將凶，凶者將吉之交界年。戌土介於金水年之中，和辰土類似情形，只是辰土介於燥熱年，戌土介於濕氣年。丑土和未土一樣，為金水年和木火年之交界年。

◎十二地支說明：

七十五年丙寅年：
七十六年丁卯年：}喜、忌神在支木者，此兩年連貫，依流月引入。

七十七年戊辰年：辰乃濕土，介於木、火年之中間，忌濕氣金水者，本年有晦氣，喜濕氣金水者，本年總算有緩和之餘地。若分成木火和金水兩種流年，一燥一濕，則望之即明。

七十八年己巳年：
七十九年庚午年：}喜、忌神在支火者，此兩年連貫，依流月引入。一般喜木火土者，從寅年到未年一氣呵成。

八十年辛未年：未乃燥土，巳、午、未年，乃一片火土，生炎夏須水之命，或命中忌火，土者（指地支），須於此三年連貫一起看；譬如：此三年種疾因，於未年申、酉月，引入申年之申金前兆年時，引發之徵兆。

八十一年壬申年：
八十二年癸酉年：}未、申、酉乃土金一氣，未年申、酉月引入金，帶動申、酉年之前兆；譬如：申、酉年之申、酉月損財，被倒會，實際上在未年申、酉月後，就開始種因，支借、合夥、起會等。喜、忌神在支金者，此兩年連貫，依流月引入。

八十三年甲戌年：戌乃燥土，與前後金、水年不相關，乃和辰土一樣，屬於緩和年，喜金、水年者變順為逆。忌金水喜木火年者，化逆為順之迴光返照期，因為後面還有水年，且慢得意。

八十四年乙亥年：
八十五年丙子年：子年為水年，忌金水者，須從申年延伸到丑年子月。乃因子年流月走到丑年未月之故，再加上後面申酉亥子月皆金水。算起來一共六年，種下凶因，其中戌年為吉，算是喘一口氣，迴光返照。喜金水者看法相反。

八十六年丁丑年：丑乃濕土，因子年流月之故，前面金水延伸到此，第一年損財時，沒有感覺，此最後一年損財者，乃最慘最落魄之時，和未年一樣，一切轉變，皆在丑年丑月，加上次年寅年之寅月，為五行之不同改變；物價波動，皆因此而來。

(3)六十甲子綜合流年逼進法

前面流年逼進法，為本篇之基礎，將本文熟讀活用，則才算是天機在握，流年逼進法之登峰造極。本文能熟用後，再配合書後「天機預言」之十天干當令主事，即地運主事，則一切循環變化起伏，才能真正的了解，亦才能達到盡善盡美的境界。

本文分成兩部分說明，其一為干支綜合相同五行。其二為劃分燥、濕流年法。第一種綜合流年看法，乃由流年逼進法的兩年，延伸到干支綜合參看的四年，則將遠光再放大、放遠，心胸再更看開。第二種為依照五行特性，以自然界燥炎、濕寒之性質，劃分木火土及金水木，以六年為期之看法為主。

⑴干支綜合相同五行流年法：

木年：

一、甲寅、乙卯年：從甲寅年丙寅月，延伸到丙辰年辛卯、乙未月止。

二、甲子、乙丑、丙寅、丁卯年：從甲子年甲戌月，延伸到丁卯年己酉月止。

三、壬寅、癸卯、甲辰、乙巳年：從壬寅年壬寅月，延伸到丙午年辛卯、乙未月止。（註：此處本來延伸到辛卯月即為告一段落，但因流月尚有水木之故，有連貫作用，尚有未竟事宜，故延伸到乙未月。）

火年：

一、丙辰、丁巳、戊午年：從丙辰年丙申月，延伸到戊午年甲子月。（註：此處以火當運——指六運，行流年火為比、劫朋友，代表國際友誼，而在戊午年甲子月中旬，流月止午火時，中美斷交，友誼中斷。）

二、丙寅、丁卯、戊辰、己巳、庚午年：從丙寅年的丙申月，延伸到庚午年戊子月止。其中戊辰年為一轉換期，一般此空檔，大都形成散而復聚，失而復得之情。

三、癸巳、甲午、乙未、丙申、丁酉年：從癸巳年丁巳月，延伸到丁酉年癸丑月止。與上例相同，乙未年乃一轉接期，時空延續之小中斷期。但此乙未為燥性，妨礙較少，前例戊辰年之辰土為濕性，妨礙變化就較大。

四、乙巳、丙午、丁未年：從乙巳年辛巳月延伸到丁未年癸丑月。

土年：

一、戊午、己未年：從戊午年戊午月，延伸到己未年丁丑月止。

二、戊辰、己巳、庚午、辛未年：從戊辰年丙辰月，延伸到辛未年辛丑月止。

三、丁丑、戊寅、己卯、庚辰年：從丁丑年癸丑月，延伸到庚辰年丙戌月止。

四、丙戌、丁亥、戊子、己丑年：從丙戌年戊戌月，延伸到庚寅年癸未月止。（此處終止，乃以己丑年之丑土為主。）其中亥、子年水氣之引動，形成此丁亥之冬到己丑年，五行不調，反而只利於金水者，前面丙戌、丁亥則利於木火土者。

五、戊戌、己亥年：從戊戌年之戊午月，延伸到己亥年乙亥月止。

六、丁未、戊申、己酉、庚戌年：從丁未年丁未月，延伸到辛亥年乙未月止。其中庚戌年之戌土，本來延伸到辛亥年壬辰月止，但其後尚有流月癸巳、甲午、乙未月為火土，有連貫作用，此乃戌年特殊之情，其他戌年一樣，此點請留意，尚有三個月的餘氣延伸月。另外尚有丑年，乃前面子年之延伸，子年從亥月，延伸到丑年未月止，若巳月因亥巳沖亥水盈，故延至未月土剋水止，其後尚有申酉戌亥子月等之金水連貫月，加上以丑年言，乃金水流年之終，故餘氣之大力仍大。即子年須論到丑年之子月止。此點前面流年逼進法未說明，留在此處敘述，乃怕混亂基礎觀念之故。每逢流年、流月之終始，吾人之變化最大，其次為金水及火土之交界年，如未年及丑年秋、冬之際，還有辰、戌年之進行期。

金年：

一、庚申、辛酉年：從庚申年庚辰月，延伸到壬戌年丙午、丁未月止。

二、庚午、辛未、壬申、癸酉年：從庚午年庚辰月，延伸到甲戌年庚午月止。

三、戊申、己酉、庚戌、辛亥年：從戊申年庚申月，延伸到壬子年丁未月止。

水年：（本例請再留意第二項）

一、辛亥、壬子、癸丑年：從辛亥年己亥月，延伸到甲寅年己巳月止。

二、壬戌、癸亥、甲子年（乙丑年）：從壬戌年壬寅月，延伸到乙丑年癸未月止，由於後面甲申、乙酉、丙戌、丁亥、戊子月等，尚有金水月之餘氣，故論命看法，須延伸到戊子月。乃因自從庚申年以來，到乙丑年止，共有六年金水濕氣甚重，後己丑月乃為真正凶者轉吉，吉者轉凶之交接期。

三、壬申、癸酉、甲戌、乙亥、丙子年（子丑年）：從壬申年壬寅月，延伸到丁丑年丁未月、壬子月止。其中戌年從戌月到乙亥年癸未月，算是迴光返照期，水年之緩衝期。

(2)燥、濕流年法：

木火土年：

一、甲寅、乙卯、丙辰、丁巳、戊午、己未年：從甲寅年丙寅月，延伸到己未年辛未、丁丑月止。其中己未年壬申、癸酉月，為引入未來庚申年申金之前兆期，所以上述辛未月即為五行之交界期。此寅年之寅月，及未年之未月、丑月等，可述為社會之最大變動期，尤其經濟上之變化，乃吉凶之分界點，影響深遠，此五行之交界不得不知。至於其中丙辰年之辰土，從辰月到戌月，可謂為美中不足期，燥、濕流年之緩和期。

二、甲子、乙丑、丙寅、丁卯、戊辰、己巳、庚午、辛未年：此八年由於介入水年之故，前面木年甲子、乙丑年仍有欲吉未吉之逆，真正木火土年，當以丙寅年庚寅月開始，步入正視，延伸到辛未年辛丑月止。其中辛未年丙申月後亦可述為燥、濕交界期。前面甲子、乙丑年，從甲子年甲戌月，延伸到乙丑年己丑月，皆為艱苦中剛起步，欲吉未吉，以阻逆論。

三、癸巳、甲午、乙未、丙申、丁酉、戊戌、己亥年：此七年接連，前面癸巳年乃和甲子、乙丑年一樣，欲吉未吉年，以阻逆論，為流年上半年順、庚申月後逆。真正屬於木火土連成一氣者，當以甲午丙寅月開始，（本來甲午年之午火當從巳、午月開始，但因前面流月丙寅、丁卯、戊辰月等，即已引動木火土，故提前三個月引入。）延伸到己亥年乙亥月止。此七年較不清純之木火土氣，其中參雜申、酉年，但因尚不至構成大礙，有火年壓制，故以燥性流年為重，此金年秋、冬為小障礙時，也就是促成己亥年申、酉月後，加重引入金水，產生大幅度變化，順者轉逆，逆者轉順之種因期，即指丙申、丁酉年之申、酉、亥、子月。

四、壬寅、癸卯、甲辰、乙巳、丙午、丁未、戊申、己酉、庚戌、辛亥年：此處一共十年，其中壬寅、癸卯年為水木相連，和前述之甲子、乙丑、癸巳年一樣，為欲吉未吉之年，類似此種流年，社會紛爭皆會比較多，乃否極泰來之前兆期，或旺極而衰之始。於後甲辰年甲戌月起，延伸到辛亥年己亥月上旬止，接連木火土連成一氣，戊申、己酉、庚戌、辛亥年之金，乃製造將來順或逆之引動期。此十年中以中間之：乙巳、丙午、丁未年較純。

金水木年：

一、庚申、辛酉、壬戌、癸亥、甲子、乙丑年：從庚申年庚辰月（申年引動造因，則從己未年壬申月後開始，防患須由此算起。），延伸到乙丑年戊子月止。本來甲子年之子水延伸到乙丑年未月。此理已明述在前。此六年金水木較純。其中壬戌年之戌月到癸亥年己未月，稱為過渡時間，逆者、怕金水者之迴光返照期。排列在中間者，可如是稱呼。若類似甲子、乙丑、癸巳、乙亥、丙子、丁丑、丁亥、戊子、己丑、壬寅、癸卯年等，燥、濕年相連，則稱之為欲吉未吉，或如同：壬戌、庚辰、壬午、癸未、甲申、乙酉、辛卯、戊申、己酉、庚戌年等，燥濕年亦相連，但六十甲子排列上較無重大影響者，可稱之曰：吉凶參半，先吉後凶，或先凶後吉。

二、所有六十甲子裡面，影響最大的關鍵年有：甲寅年丙寅月後。己未年壬申月後。甲子年甲戌月後，到丙寅年申月止。辛未年丙申月後。甲戌年甲戌月後，到丁丑年癸丑月、戊寅年申月止。己丑年丙寅月到丙子月止。己亥年申月後。甲辰年丙寅月到己巳月止。丁未年申月後。事實上，簡單地說，重點：乃在長期金水及火土年後之交界年。原因乃在十二個月裡，以出生在巳、午、未月之夏天，及亥、子、丑、寅月之冬天，共七個月，其行運流年必須配合遭遇調候因素之管制，造成流年起伏之另一種因素，尤其以冬天出生者佔大多數的四個月，社會受到影響較大，乃必然之事，此理乃：寒冬出生者，逢金水流年必受困，使八字火熄，形成一片寒凍，有志難伸。

三、庚午、辛未、壬申、癸酉、甲戌、乙亥、丙子、丁丑年：此八年中，庚午年及甲戌年甲戌月到乙亥癸未月。屬於木火年較佔上方。庚午年為吉凶各半，甲戌年引入甲戌月，為迴光返照期，或過渡時期。真正算起來，應從庚午年丁亥月開始，到丁丑年癸丑月止，金水引動，一氣呵成，其中若有參雜乙木、丙火等，皆為欲吉未吉、掙扎期。

四、己亥、庚子、辛丑、壬寅、癸卯年：此五年金水年亦算不短，從己亥年壬申月後（申月亥、子日引入金水，加上天干壬水故提前，即本來為亥月不錯，但前面金水月為徵兆期、引動期。），到甲辰年己巳月止，其中壬寅、癸卯等之上半年，為轉變期，引入寅、卯使逆者欲吉未吉，磨練期。

五、戊申、己酉、庚戌、辛亥、壬子、癸丑年：整整六年金水有力，申年之申金，實際引動己在未年申月，故真正算起來，應該從丁未年戊申月起，延伸到甲寅年己巳月止，後面甲寅年之庚年、辛未、壬申、癸酉月，為金水之小餘氣月。

綜合論之：六十甲子變化較大的流年有：甲年、庚年，及未、戌年申月後，辰年辰月後，子年、丑年、和寅年寅月後，只要能活用，細密劃分火土及金水兩種燥、濕性，則天機已然在握。又假若對於流年逼進法，尚未能熟悉運用，則此綜合燥濕流年法，只有愈看愈迷糊，當您學會熟用後，無形中對人對事的看法，會有更廣闊、深遠之心胸，更能幫助您打開心窗、不執著。

至於其他尚有未列入之金水年或火土年，皆有相互參雜，較沒有形成連貫性，影響力就顯得較小。本篇活用之後，再詳讀預言之理論根據——地運主事，加上知悉天星排列，大星球交會之期，如：交節氣、朔望，木土星交會期，九大行星排列期、大彗星、小彗星周期、大行星十字排列，一字排列期，極軸變動期等，綜合以上三者，天、人、地之變化，由小之人命五行變化，至中之地運當令主事，到最後之天星大變動等，一氣呵成，如此則自然界、物質世界之奧秘，盡皆瞭然矣！剩下的，就是往無形靈界之深研、探討，以達到最高之最高靈界，為最終依歸，願大家一起來！

⑷流日逼進法

八字論命，流年、流月之探尋，得悉事情演變之來龍去脈，而進一步了解氣數，與命運相抗，則須知悉流日之應用，再將六神符號代入實際生活習慣中，方能掌握氣數，並藉以趨吉避凶，事先防患，此為消極之作為，但可謂制敵機先。根據余累積之體驗，確實可將凶危減輕甚多，但仍不能完全避免，此即五行氣數，思來令人頹喪、感嘆，吾人今生不修成佛體，更待何時呢！

又假若事情已發生，此時論命、批命之作用，可謂太遲，譬如：官符、意外之災、口舌……等，只能得到心理上之安慰，任何事之發生，其引動吉凶之主因，除了個人之心性脾氣外，就以陽宅（住宅、辦公室、工廠……）為主要引動吉凶之因，先住凶宅才促使命運坎坷，八字論命算準，詳情請看「如何改變命運」。

論流年、流月、流日須綜合參看。由整體性之變化，到細微變化，缺一不可。流年逼進法知：大事之發展。流月逼進法知：吉中有凶，凶中有吉，引動流年之發展。流日逼進法知：其發生之確切日期，入於細微，與氣數之間，化被動為主動，知事情之開始，配合流月、流年之終止之期。

◎流日逼進法之運用原則：

1. 本篇看完之後，須參照上冊「八字洩天機」，書後——流年秘訣。及詳讀——官符之實例作業題，裡面有詳細之說明，自然舉一反三，很快能活用自如。

2. 傳統論流月為：節→節。其實不然，尚有細密劃分。（指：丁亥月為立冬→大雪。庚寅月為立春→驚蟄。）

3. 流月須論新曆，以免農曆有閏月時，產生混亂現象。如：庚寅月為新曆二月。癸卯月為新曆三月……。而且論新曆也比較容易接近發生之日期。只要農曆月份加一即可。

4. 流月之基本看法，天干為上半月，地支為下半月，以流日引動流月進行。最後必須相接連起來，如同一條線，如同一部戲，不要分開。即：天干——上半月發生的事，與地支——下半月所發生的事有關連，又本月地支——下半月，所發生的事，和下個月天干——上半月，發生的事，又有連帶關係……，如此接連下去，形成種因得果之循環，帶動人生百態之發生，生生不息。論斷流年、流月須有此觀念，配合流年、流月、流日逼進法，再代入六神之生活習慣，自然人事變化，一切瞭然在心。

5. 流月之推斷共劃分五項：⑴強烈徵兆期和輕微徵兆期。⑵進行期。⑶流月種因期。⑷流年種因期。⑸餘事期等。簡單地說：即徵兆、進行、尾聲。吾人一生流年之變化，月圓月缺，高低起伏，和流月、流日皆一樣，亦因此造成人生喜、怒、哀、樂。生、老、病、死。忽得忽失，起伏不定，物質沒有永恆的一切，似此人生又有何可執著不放的呢？是故吾人當善盡自己之能力，多為國家、社會盡力貢獻，取之社會，用之社會，多累積功德，勿樹立敵人，對人、對己、對後代子孫，皆會有無形和有形之助益。當然修通中脈，具備佛體、星光體——交通工具，脫離輪迴，乃為絕對之必要，願共勉之！

◎干支流日之看法原則。

⑴天干流日之看法：（若覺得複雜，須參看後面舉例。）

一、進行期：即事情開始發生點。於「節」（含）之前面，第一個與天干相同之字，該日為流月開始走之日，以此開始之日，算到月中同樣五行陰干之日止。（簡單地說：無論節前或節後，皆一律看前面。）

例一：民國七十五年庚寅月。（國曆二月四日己卯日午時為立春。國曆三月六日己酉日卯時為驚蟄。即傳統為二月四日到三月六日止。且不分徵兆、進行、尾聲，一律以發生期看。）以下所論年、月皆以國曆言。

正確應以庚金從一月二十六日庚午日開始，到二月六日辛巳日止。此十一日為發生期、進行期。算到時的話，庚午日又可稱從庚辰時開始。假若二月四日之立春為庚辰日的話，時辰勿論，則進行開始，當從此日庚辰開始，到二月十六日辛卯日止，也就是前面所講：一律看節之前面，天干相同之字。又假若為陰干的話，則須再向前推一日，從陽干日開始算，乃五行相同有引入之作用。陰支也是一樣。

例二：民國七十五年辛卯月。

傳統為：國曆三月六日己酉日卯時驚蟄，到四月五日己卯日巳時清明止。

正確應以辛金從二月二十五日庚子日開始（庚辰時），到三月八日辛亥日止。（此處辛卯月，辛金為陰干，開始之日，須再向前推一日到陽干，陰支一樣。）此二例若以傳統方法算，則誤差就有十餘日。

二、天干徵兆期：

從前面所述，進行開始之日，向前延伸十天為強烈徵兆期，向前延伸二十天為輕微徵兆期。

一般用於防患者，十天前之徵兆期即可知梗概。當然另有催促更前面之積因者，稱為種因期。如：口舌積怨、合夥談論投資……。

例一：民國七十五年庚寅月。庚金從一月二十六日庚午日，到二月六日辛巳日止為進行期。強烈徵兆期為向前十日，從一月十六日庚申日開始，到一月二十六日庚午日止。

（時辰推算開始，皆以陽干看即可，陰干日一律以陽干日看。如：甲日從甲子時算。丙日則從丙申時或乙未時丙戌分算起，即下午二點四十分起。戊日從戊午時算起或丁巳時戊申分起，即上午十點二十分開始。庚日從庚辰時，上午七點開始，到晚上丙戌時止，此日催止在下午六點到七點，有的延到九點。乃丙火剋庚金。壬日從壬寅時算起。又有比較特殊者，乃戊月從戊日開始，卻提前一日在丁日下午丁未時戊申分起引入，即丁日下午兩點二十分。接下為戊申時。算流日的時候，尤其要注意癸日，從上午到下午未時，為火土用事，本來癸日為吉者，五行不同，反而為凶。須下午申時後，才算正常，為先犬後吉日。若癸日為凶者，即喜火土、忌金水者，形成先吉後凶日，本日變化較大，乃因五行強烈劃分流時為火土及金水之故，流時影響流日，為共同吉凶參半日；若戌日則流時欲改變流日就比較困難。至於癸年社會變化較大，也是流月之故。

又輕微徵兆期，為向前延伸二十日，本例則從一月六日庚戌日，到一月十六日庚申日止，一般感覺上較不明顯，論命時知道即可，可列為防患，勿種下凶晦氣色之參考。一般在進行期發生事端時，斯時氣色已晦，已註定氣數難逃，算準於事無補；因此如果能了解「如何改變命運」篇，所述損財氣色之形成，配合官煞月、日為熬夜日，工作加重日，則應用在此徵兆期及更往前之種因期，當作防患未煞之參考，如此才算是真正的趨吉避凶，脫離五行氣數掌握。可是有時候，就是明明知道熬夜、遲睡，對於氣色不好，卻偏偏工作加班，工作量加重，朋友夜訪晚歸，小孩——官煞夜哭，或友人服喪來訪，言談間接收穢氣，使氣色更累積凶晦，令人不能積極防患，只有採取消極之防患，如：多吃水果、西洋參等退火補元氣，（凡補藥，無事不要天天吃，以免過量。）及以雞糞藤煮水洗身除穢氣，以免靈體受擾失眠，大人一樣，約每半個月一次。

三、流月積因期，即種因期。如：庚月要口舌、糾紛，在前面戊、己月之庚、辛日就種因催促累積。乃土生金之故。甲月則種因在：壬、癸之甲、乙日，加起來約六日左右，有時候寅、卯日也算在內。丙月則種因在：甲、乙月之丙、丁日為重，次巳、午日。壬月則種因在：庚、辛月之壬、癸日為重。次亥、子日，乃金生水之故。地支一樣，寅、卯月種因在亥、子月之寅、卯日及甲、乙日。

四、流年種因期：為延伸更前者，亦為大事之防患，及氣色順暢或深入晦暗之積因。如：流年逼進法所述之申、酉年，於未年申、酉年，於未年申、酉月引入種因，在申、酉之申、酉月被倒會、跳票，實際上是在未年申、酉月後，即逐月種因。又如：凡日元丙、丁火者，在壬年之庚戌、辛亥月，沒有不倒霉的，乃因若有甲、乙木衛護，該月仍都受金傷，流年壬水乘隙而入。斯時損財、意外之災、官符者不一，而種因即在前面庚、辛年之壬、癸月。尤其辛年最重，乃巳第二年及流月之故，癸年一樣下半年晦暗，乃火熄或木成濕木燃火不易之故，謂之：責任壓力加重，又多人事混亂、失人和，值壬、癸、亥、子月。以六神言，即是若官煞年不利，在財年官煞月即逐漸種因，或命中已官煞重者，在財年即有官煞年之威脅壓力，只是力量較小而已。

上述種因，乃指錢財言，若疾病、失和婚姻挫折，則平日即已累積，防患須平日即為之。

五、餘事期：

即為進行期發生後，流月剩下的日子。簡單地說：即進行期的最後一天，到下個月流月之「節」止，又若節後，尚有一到四日之日子，與本流月相同之五行者，則須算到該日止，此為小地方、小細節，不得不注意。且餘事期指陰干為主。

例一：民國七十五年庚寅月。

天干進行期為一月二十六日到二月六日止。剩下的處理善後，事後餘事期，為二月七日到三月八日辛亥日止。本來到節為三月六日己酉日驚蟄，但三月七、八日為庚戌、辛亥日，五行有相關關連，故須順延。若為申、酉月論，不能只論到己酉日止，一樣要順延到辛亥日止，乃五行相同之故。

又假若這個辛亥日在三月三日，則大致上在三月三日，事情已會告一段落，一般此情指乙、辛、己、丁、癸月言，因為後面流月五行已不同。但若為甲、丙、戊、庚、壬月，則流月尚分別接有乙、丁、己、辛、癸月，五行尚有連貫，事情尚未完結。地支一樣，分寅、卯、巳午、申酉、亥子月等。總言之：事後餘事期，乃指：天干乙、丁、己、辛、癸月等。地支為卯、午、酉、子月等。

例二：民國七十五年辛卯月。

天干進行期：二月二十五日庚子日，到三月八日辛亥日止。

事後餘事期則為：三月九日壬子日，到四月七日辛巳日，其理同前，本來到節——清明四月五日己卯日即可，因尚有兩日金日故須延。

整體性對論命而言，判斷準驗以進行期及餘事期最重要，防患則以種因期，徵兆期為主。若意外之災，須包含進行期及餘事期，列入考慮判斷。損財、合夥、口舌則在進行期。疾病在餘事期引發欠安，前面徵兆、進行期都是種因期。依照事情之緩、急配合之。又如：相親在強烈徵兆期，交往在進行期。研究學習流日，只要先活用：進行期，則其他自然迎刃而解。

(2)地支流日之看法：

一、進行期：地支流日之進行、乃配合天干流日進行而定。即地支之開始點，排在天干進行期之後面。一般地支之進行，大都在下半月。

地支流日進行之基本原則：大都在月中，與地支相同之日開始走，至十二天後相同五行之日。開始之日，陰支須推至陽支。如酉日須看申日。卯日須看寅日。截止之日，須看陰支之日，如申日須看酉日。又若戌月則看戌日。

例一：民國七十五年庚寅月。

天干進行庚金為：國曆一月二十六日庚午日，到二月六日辛巳日。

地支進行寅木為：國曆二月十五日庚寅日，到三月二日乙巳日止。（本來到二月二十八日癸卯日止即可，但後面尚有甲辰、乙巳日，同樣五行，故順延兩日。）原則和天干皆一樣。

例二：民國七十五年辛卯月。

天干辛金為：國曆二月二十五日庚子日，到三月八日辛亥日止。

地支卯木為：國曆三月十一日甲寅日，到三月二十四日丁卯日止。

二、地支徵兆期：

將進行開始之日，往前延伸十二天為強烈徵烈期，向前延二十四天為輕微徵兆期。

例一：民國七十五年庚寅。

寅木進行為：國曆二月十五日庚寅日，到三月二日乙巳日止。

強烈徵兆期為：國曆二月三日戊寅日，到二月十五日庚寅日止。

輕微徵兆期為：國曆一月二十日甲子日，（本為二十二日丙寅日，乃五行相同再推前之故。）到二月三日戊寅日止。

例二：民國七十五年辛卯月。

卯木進行為：國曆三月十一日甲寅日，到三月二十四日丁卯日止。

強烈徵兆期為：國曆二月二十七日壬寅日，到三月十一日甲寅日止。

輕微徵兆期：即為寅月之寅木進行期，故一般較注意輕微徵兆期者，乃為甲、丙、戊、庚、壬月，及寅、巳、申、亥月及辰、戌、丑、未月等，即五行交接開始者，其發生之事情轉變較大。收尾方面，即餘事期，則以：乙、丁、己、辛、癸月及卯、午、酉、子月和辰、戌、丑、未月較重要，乃因相同五行之結束，事情之接近尾聲。

簡單地說：即流年或流月，其五行將改變時，影響最大，包含即將結束者，和剛要開始者。

三、流月種因期：

原則看法，和天干一樣。例如：寅、卯月發生之事，在前面亥、子月之寅、卯、甲、乙日引動種因。巳、午月發生之事，在前面寅、卯月之巳、午日及丙、丁日種因，乃水木火。及木生火之故。又申、酉月發生之事，在前面之未月申、酉日和庚、辛日種因，土生金之故，若辰月申、酉日、庚、辛日又減弱更多。亥、子月發生之事，在申、酉月之亥、子日和壬、癸日種因，乃金生水之故。其餘除了未月外，剩下辰、戌、丑月，大都為獨立看。若未月發生之事，在巳、午月之戌、己、辰、戌、丑、未日等種因，乃火生土之故。

四、流年種因期：

大致上和前面天干部分所述一樣。此處依六神再補充，如：依印、比、洩、財、官年之運行，產生人生起伏，每一個人都一樣，印星之年，為求知學習、紮根、模仿階段。於後比、劫年，為增加命中食、傷之力，為廣結人緣，人際關係歷練，為學以致用，自行研究、改進階段，有創新突破。接著洩年，即為食、傷年，代表發揮才能，揚名吐氣，發表心得時，身兼數職，名利雙收，有創作者，留芳千古，亦是積德最多時。再來即為財年，代表廣進財利，物質享受最多時，亦為大豐收時，平日有累積陰德者，此大豐收年，一般之回報，皆會在祖墳得富貴大地上。也是人生歷練中，發展才華、能力，總結論時。最後為官年，催貴、責任加重，，因財生官，事業另有鴻圖大展，內、外壓力逐漸增多，能者多勞，擔負重責時。再於付出心神中，轉為印年，休息補充體力，再進修學習……等等，人生即是依此：印比洩財官之流年轉變，順逆起伏。

例如：日元甲、乙木者，在七十一、七十二年（壬戌、癸亥年）印星學習。七十三、七十四年（甲子、乙丑年）比、劫年磨練，學以致用、有創見。其中子年為學習，丑年一樣，乃子水流月之故。七十五年、七十六年（丙寅、丁卯年）食、傷年，為名利雙收，有著作心得、揚名時。亦為積德最多時。七十七年、七十八年（戊辰、己巳年）財年為大豐收，平日積德愈多者，回報愈多，但須留意親人欠安，（財破印）。

七十九年、八十年（庚午、辛未年）官年為催貴，另有鴻圖大展時。擔當重任時。
又如：地運四、五、卜運為丙、丁火主運，每逢庚、辛年為豐收財年，亦為世界各國各項建設豐收期。自由世界的豐收年，未來則在：民國八十年辛未年，尤其在新曆八、九月（申、酉月）。七十九年庚午年之庚辰月↓乙酉月亦可見。乃因目前已轉入七運，故豐收之事，亦是有大吉定論，不會再拖延的。

五、餘事期：

地支和天干一樣。即為進行期發生後，流月剩下的日子。簡單地說：即進行期的最後一天，到下個月流月之「節」止，又若節後，尚有一到四日之日子，與本流月相同五行者，則須算到該日止。而且餘事期指陰支為主。

例一：民國七十五年庚寅月：

寅木進行為：國曆二月十五日庚寅日，到三月二日止。

餘事期為：三月三日到三月五日。此為寅木陽支，接下尚有卯月，故此寅月不用看餘事期。

例二：民國七十五年辛卯月。

卯木進行為：國曆三月十一日，到三月二十四日丁卯日止。

餘事期為：國曆三月二十五日戊辰，到四月五日己卯日止。

(5)流日逼進法實例說明

◎民國七十五年（丙寅年）流日之看法（皆論新曆）

1. 庚寅月：（國曆二月）

庚金：

進　行　期：一月二十六日（庚午日）↓二月六日（辛巳日）。

強烈徵兆期：一月十六日（庚申日）↓一月二十六日（庚午日）。

輕微徵兆期：一月四日（戊申日）↓一月十六日（庚申日）。

流月種因期：前面戊子、己丑月之庚、辛、申、酉日。

餘　事　期：二月七日（壬午日）↓三月八日（辛亥日）。

寅木：（亦為流年寅木之開始，變化最多。）

進　行　期：二月十五日（庚寅日）→三月二日（乙巳日）。

強烈徵兆期：二月三日（戊寅日）→二月十五日（庚寅日）。

輕微徵兆期：一月二十日（甲子日）→二月三日（戊寅日）。

流月種因期：前面丁亥、戊子月之寅、卯、甲、乙日。

餘　事　期：庚金後面尚有辛月。寅木則有卯月，故可以不論。

2.辛卯月：（國曆三月）

辛金：

進　行　期：二月二十五日（庚子日）→三月八日（辛亥日）。

強烈徵兆期：二月十五日（庚寅日）→二月二十五日（庚子日）。

輕微徵兆期：前面和庚金已連貫進行，沒有輕重之分。

流月種因期：一共包含了戊、己月之金日，及前面庚月。

餘　事　期：三月九日（壬子日）→四月七日（辛巳日）。此庚、辛月走完，後面已無金月，此餘事共乃五行不同之交界點，某些事情之告一段落，加上前乙丑年之乙木結束在此，故此處餘事期，影響最廣泛，亦須特別注意之處，和前面寅木不同，寅月乃丙寅年之引動寅木，為事情之開始，配合流年種因期，則為甲子、乙丑年之甲、乙木，同樣五行之連貫。此處說明，請和寅月同看。

卯木：

進　行　期：三月十一日（甲寅日）↓三月二十四日（丁卯日）。

強烈徵兆期：二月二十七日（壬寅日）↓三月十一日（甲寅日）。

輕微徵兆期：前面和寅木己連貫進行，不必分輕重。

流月種因期：一共包含了前面亥、子月之木日，和寅月。

流年種因期：乃前面甲子、乙丑年之甲、乙木，而接續丙寅年之寅木進行，後面尚有丁卯年之卯木。

餘　事　期：三月二十五日（戊辰日）↓四月五日（己卯日）。事實上，此餘事尚未結束，因流年寅木，尚須走到申月，可以知道，好戲還在後頭，謂之：欲罷不能。

3. 壬辰月：（國曆四月）

發展關係：庚寅月之庚金發生之事，和未來寅木發生之事有關連；寅木發生之事，又和辛卯月之辛金為前因後果關係；辛金所發生之事，又為卯月發生之原動力及種因；卯木所發生之事，又為此壬辰月壬水之因，壬水發生之事，不止接連了卯木，接下又引生辰月之事源，一直連綿不斷，判斷流月必須如此才行。

例如：乙丑年之乙木，到丙寅年辛卯月止。日元若為甲、乙木，則在丙寅之庚寅、辛卯月，謂之友誼中斷，由遠轉近發展事業，乃天干甲、乙木代表遠方。地支丙寅年之寅木為近友、國內客戶。若為日元丙、丁火，謂之：求知本想遠方、出國——甲、乙木印星求知。現在已打消念頭，不再捨近求遠，乃寅年印星在地支之故，求知在近處，接下尚有丁卯年之卯木，為同樣接連在近方發展、求知。有如此之分析判斷，看本年之流年，須參看前、後數年流年，看其同樣五行及燥濕性之連累，才能掌握來龍去脈。（此燥濕性，即分為金水及火土兩種不同性質之年）。

壬水：

進　行　期：三月二十九日（壬申日）→四月九日（癸未日）。

強烈徵兆期：三月十九日（壬戌日）→三月二十九日（壬申日）。

輕微徵兆期：三月八日（辛亥日）→三月十九日（壬戌日）。

在此壬水因與前面五行，截然不同，為流月新的開始，故判斷上必須比較注重：徵兆期。前面辛金，因後無來者，五行不同，故判斷上必須比較注流月種因期：前面庚、辛月之壬、癸、亥、子日為種因。意：餘事期。

流年種因期：此處不似寅月乃流年甲子、乙丑、丙寅年，木之延續，故有的話，也是前面癸亥、甲子、乙丑年之木連貫種因，以流月配合流年看，此壬水和後面癸水，亦可謂之：前面金、水年之最後餘事。若有第三項：六十甲子綜合流年逼進法之基礎概念，則此處較易了解。

餘事期：四月十日（甲申日）→五月九日（癸丑日）。

辰土：

進　行　期：四月十八日（壬辰日）→四月三十日（甲辰日）。

強烈徵兆期：四月三日（丁丑日）→四月十八日（壬辰日）。

輕微徵兆期：三月二十五日（戊辰日）→四月六日（庚辰日）。

流月種因期：沒有特殊種因之事，但與前面之月有關連。

流年種因期：和壬水一樣。

餘　事　期：五月一日（乙巳日）→五月六日（庚戌日）；辰土為獨行，為流月之插曲、緩和，影響較輕微。

四、癸巳月：（國曆五月）

癸水：

進　行　期：四月二十八日（壬寅日）→五月九日（癸丑日）。

強烈徵兆期：四月十八日（壬辰日）→四月二十八日（壬寅日）。

輕微徵兆期：與前面壬月連貫，不必分輕重。

流月種因期：庚寅、辛卯月之壬、癸日，和壬辰月。

流年種因期：和壬辰月之壬水一樣。

餘　事　期：五月十日（甲寅日）→六月八日（癸未日）。此癸月為壬、癸月之終，故應特別留意餘事期，乃事情之結尾。凡乙、丁、己、辛、癸月及卯、午、酉、子月和辰、戌、丑、未月等皆一樣，乃流月五行之改變月。

巳火：

進　行　期：五月十二日（丙辰日）→五月二十六日（庚午日）。

強烈徵兆期：五月一日（丁巳日）→五月十三日（丁巳日）。

輕微徵兆期：四月十九日（癸巳日）→五月一日（乙巳日）。

流月種因期：庚寅、辛卯月之巳、午、丙、丁日，尤其在下半月，力量較大，乃木生火之故。天干則在上半月。

流年種因期：此巳火，反而是丙寅年丙申月，丙火之種因期。若巳火為丁卯年之乙巳月，則種因期在丙寅年。

餘　事　期：五月二十七日（辛未日）↓六月七日（壬午日）。

五、甲午月：（新曆七十五年六月）

甲木：

進行期：五月三十日（甲戌日）↓六月十日（乙酉日）。

強烈徵兆期：五月二十日（甲子日）↓五月三十日（甲戌日）。

輕微徵兆期：五月十日（甲寅日）↓五月二十日（甲子日）。

流月種因期：壬辰、癸巳月之甲、乙、寅、卯日。

流年種因期：為丙寅年之寅加重力量之月，甲午、乙未月皆同，亦為甲子、乙丑年之甲、乙木和丙寅年之寅木，其木之力量延續，種因皆指此。

餘　事　期：六月十一日（丙戌日）↓七月十日（乙卯日）。事實上，此段期間，皆為乙木之連貫期。

午火：

進　行　期：六月十八日（癸巳日）→七月二日（丁未日）。

強烈徵兆期：六月六日（辛巳日）→六月十八日（癸巳日）。

輕微徵兆期：與巳月連貫發生，不必分輕重。

流月種因期：庚寅、辛卯月之火日及巳月為種因。

流年種因期：和巳火一樣。

餘　事　期：七月三日（戊申日）→七月七日（壬子日）。

大致上，若細看這五個月，對於流日看法，已能深入了解。於此處再特別敘述，在流月裡面，最重要的六天，即開始、加重、再加重、暫停、解除日等，在後面的實例中，將舉出供參考：

(1)流月開始日：即進行期的第一天。強烈徵兆期的第一天。輕微徵兆期的第一天等。

例：進行期的第一天。庚寅月庚金為：一月二十六日庚午日。

寅木為：二月十五日。強烈徵兆期的第一天，庚金為一月十六日庚申日。寅木為二月三日戊寅日。輕微徵兆期的第一天，庚金為一月四日戊申日。寅木為一月二十日甲子日，其餘自行看，不再舉例。如：甲、乙月為甲日……。

⑵流月加重日：即與流月天干或地支五行相同日。尤其進行期。

例：庚寅月。庚金進行期之申、酉日。一月二十六日↓二月六日，為庚金進行期，加重日即在一月二十七、二十八、二十九日（辛未、壬申、癸酉日等）。與庚金相同五行之地支日，為力量之加重。寅木則為進行期之甲、乙日。二月十五日↓三月二日為寅木用事，其中二月十九日甲午日，二月二十日乙未日，即為流月寅木之加重日。讀者若能細心體會活用，就會知道，此加重日，等於當令月之當令日。再整理如下：

甲月、乙月：為進行期內之甲、乙、寅、卯日。

丙月、丁月：為進行期內之丙、丁、巳、午日。

戊月、己月：為進行期內之戊、己、辰、戌、丑、未日，以未、戌日為最加重日。及癸日上午到下午三點止，乃流時之故。即天干月看地支日，地支月則看天干日。

庚月、辛月：為進行期內之庚、辛、申、酉日。

壬月、癸月：為進行期內之壬、癸、亥、子日。

寅月、卯月：為進行期內之寅、卯、甲、乙日。地支月以看天干日為主，即甲、乙日為事情之最加重日，最重大日。

巳月、午月：為進行期內之巳、午、丙、丁日。

申月、酉月：為進行期內之申、酉、庚、辛日。又細分申月之最加重日為庚日，次辛日。乃分陰陽相同之故。酉月之最加重日為辛日，次庚日。

亥月、子月：為進行期內之亥、子、壬、癸日。

辰、戌、丑、未月：為進行期內之辰、戌、丑、未日及戊、己日。以戊、己日為最加重日。另外須再加上癸日之上午到下午三點以前，乃流時之故，前已述及，癸日為吉凶參半日，乃流時先火土、後金水之故。多應用觀察即知。

(3)流月暫停日：

簡單地說：即為進行期內天干或地支之沖剋日。也是停頓日。

例：庚寅月庚金為：二月一日丙子日，二月二日丁丑日。寅木為：二月二十一日丙申日，二月二十一日丁酉日。說明如下：

甲、乙月：為行期內之庚、辛日。次申、酉日事情演變，會突然有停頓狀況，如為順吉之月，突然會在該日遭遇阻力，以致心意不定，或尚有未辦妥之事發現，或有挫折事發生，乃為過渡時期日。若為凶月，在該日會突然有一線生機，一線希望，或出現短暫貴人，為空歡喜之日。

丙、丁月：為行期內之壬、癸日。若亥、子日亦可，但力量減弱甚多。以天干見天干為主，地支見地支為主。

戊、己月：為進行期內之甲、乙日。次寅、卯日。

庚、辛月：為進行期內之丙、丁日。次巳、午日。

壬、癸月：為進行期內之戊、己日。次未、戌日。再次辰、丑日。

寅、卯月：為進行期內之申、酉日。次庚、辛日。

巳、午月：為進行期內之亥、子日。次壬、癸日。

申、酉月：為進行期內之巳、午日。次丙、丁日。

亥、子月：為進行期內之未、戌日。次戊、己日。再次辰、丑日。

辰、戌、未月：為進行期內之寅、卯日。次甲、乙日。

⑷流月反擊日：

即為進行期後，第一個天干或地支之沖剋日。也是將前述暫停日，再前進十天即是。例：庚寅月庚金為：一月二十六到二月六日。其暫停日為二月一日丙子日及二月二日丁丑日。其反擊日，則為十天後的，二月十一日丙戌日，二月十二日丁亥日，例如：若日元為甲、乙木，則此庚月帶來官煞、壓力，心情不暢受阻，在此進行期內，滿懷委屈，事情過後，積壓之情緒，終於在此丙、丁日爆發，產生反擊、口舌，此情以第一個最重，即甲、丙、戊、庚、壬月及寅、巳、申、亥月、未、戌月等。因為若第二個月時，已經習慣了，不再有不滿之情緒，則指：乙、丁、己、辛、癸月，和卯、午、酉、子月等。整理如下：

甲、乙月：為進行期後之第一個庚、辛日。次申、酉日。
丙、丁月：為進行期後之第一個壬、癸日。次亥、子日。
戊、己月：為進行期後之第一個甲、乙日。次寅、卯日。
庚、辛月：為進行期後之第一個丙、丁日。次巳、午日。
壬、癸月：為進行期後之第一個戊、己日。次未、戌日。再次辰、丑日。
寅、卯月：為進行期後之第一個申、酉日。次庚、辛日。
巳、午月：為進行期後之第一個亥、子日。次壬、癸日。
申、酉月：為進行期後之第一個巳、午日。次丙、丁日。
亥、子月：為進行期後之第一個未、戌日。次戊、己日。再次辰、丑日。
辰、戌、丑、未月：為進行期後之第一個寅、卯日。次甲、乙日。

註：此處反擊日，以天干應用最多，若地支日，由於接近餘事期之後面，故對地支而言，反擊日也等於是後面所述之：流月解除日。亦即流月發生之事，須由此日開始，才算是步入尾聲，步入改變點、解除點。

(5)流月解除日：

即為進行期後，第二個天干或地支之沖剋日。也是將前述反擊日，再向前進十天即是。此處乃專指天干而言，若地支之反擊日，等於解除日，乃因流月已將結束之故。

茲整理如下：

甲、乙月：為進行期後之第二個庚、辛日。次申、酉日。

丙、丁月：為進行期後之第二個壬、癸日。次亥、子日。

戊、己月：為進行期後之第二個甲、乙日。次寅、卯日。

庚、辛月：為進行期後之第二個丙、丁日。次巳、午日。

壬、癸月：為進行期後之第二個戊、己日。次未、戌日。再次辰、丑日。

例：庚寅月之庚金解除日，為二月二十一日丙申日。二月二十二日丁酉日。辛卯日之辛金解除日，為三月二十三日丙寅日。三月二十四丁卯日。卯木則在三月二十九日壬申日。及三月三十日癸酉日。所謂解除日，即是解除壓力，事情從此步入尾聲，告一段落。

(6)流月再加重日：

前面所述五日，乃比較重要。此再加重日，即為進行期內，相生天干或地支之日。使其力量再加重。由於此再加重日，有輔助之效果，雖比不上前面五日之舉足輕重，但不可不知。總言之：此六日之基本原則，乃在相生相剋，多運用自能熟練。整理如下：

甲、乙月：為進行期內之壬、癸、亥、子日。

丙、丁月：為進行期內之甲、乙、寅、卯日。

戊、己月：為進行期內之丙、丁、巳、午日。

庚、辛月：為進行期內之戊、己、辰、戌、丑、未日。

壬、癸月：為進行期內之庚、辛、申、酉日。

寅、卯月：為進行期內之壬、癸、亥、子日。

巳、午月：為進行期內之甲、乙、寅、卯日。

申、酉月：為進行期內之戊、己、辰、戌、丑、未日。

亥、子月：為進行期內之庚、辛、申、酉日。

辰、戌、丑、未月：為進行期內之丙、丁、巳、午日。

例：庚寅月之再加重日：庚金為二月二日丁丑日，二月四日己卯日。二月五日庚辰日。寅木為二月十七日壬辰日，十八日癸巳日。和二十四日己亥日，二十五日庚木日等。以濕土生金，及水生木為主。其他一樣，取相生流月之日即是。

6. 乙未月：（國曆七十五年七月）

乙木：

進　行　期：六月二十七日（壬寅日）↓七月十日（乙卯日）。

強烈徵兆期：六月十九日（甲午日）→六月三十日（乙巳日）。
輕微徵兆期：與前面甲月連貫發生，不必分輕重。
流月種因期：壬辰、癸巳月之甲、乙、寅、卯日和甲月。
流年種因期：和前面甲月一樣。為丙寅年之寅木力量加重月。
餘　事　期：七月十一日（丙辰日）→八月九日（乙酉日）。
流月開始日：六月二十七日→三十日。　流月加重日：七月九日（甲寅日）。　流月再重日：七月六日→八日。　流月暫停日：七月三日→六日。　流月反擊日：七月十五日、十六日。　流月解除日：七月二十六日辛未日。

未土：

進　行　期：七月十三日（戊午日）→七月二十六日（辛未日）。
強烈徵兆期：七月二日（丁未日）→七月十四日（己未日）。
輕微徵兆期：六月二十日（乙未日）→七月二日（丁未日）。
流月種因期：前面巳、午月之土日。（含天干、地支）。
流年種因期：前乙丑年之丑土，至此未月停止，由此流年之終止，知其為事情之大轉變點，未月申、酉日，又引動申月之事，接下丙申月，變化更多，為流年丙寅年丙火之始，寅木之終，而皆在此乙未月引動前兆。

餘　事　期：七月二十七日（壬申日）↓八月七日（癸未日）。

流月開始日：七月十三、十四日。　流月加重日：七月十四、十七、二十、二十三、二十四日，尤其二十三日戊辰日及二十四日己巳日。　流月再加重日：七月二十一、二十二、二十四、二十五日。　流月暫停日：七月十九日↓二十二日。　流月反擊日及解除日：八月二日戊寅日及三日己卯日。

7.丙申月：（國曆七十五年八月）

丙火：

進　行　期：七月三十一日（丙子日）↓八月十一日（丁亥日）。

強烈徵兆期：七月二十一日（丙寅日）↓七月三十一日（丙子日）。

輕微徵兆期：七月十一日（丙辰日）↓七月二十一日（丙寅日）。

流月種因期：甲午、乙未月之丙、丁、巳、午日。

流年種因期：癸巳、甲午月之丙、丁、巳、午日。及前面乙丑年之丙戌、丁亥月。此處必須特別留意，乃丙申月之丙火，為丙寅年丙火之始，變化最多。

餘　事　期：八月十二日（戊子日）↓九月十一日（戊午日）。

流月開始日：七月三十一日丙子日。　流月加重日：八月五、六日。　流月再加重日：八月二、三日、八、九日。 流月暫停日：八月六、七日。 流月反擊日：八月十六、十七日。 流月暫停日：八月二十六、二十七日。因為後面尚有丁月，事情未了，且丙月為丙寅年丙火之始，尚有漫長半年要走，故寫為暫解除日。

申金：

進　行　期：八月二十日（丙申日）→九月四日（辛亥日）。

強烈徵兆期：八月八日（甲申日）→八月二十日（丙申日）。

輕微徵兆期：七月二十五日（庚午日）→八月八日（甲申日）。

流月種因期：乙未月之申、酉日。次庚、辛日。

流年種因期：本申月為丙寅年，寅木之止，變化最大最多之月，一串貫寅木用事，於此告一段落。未來丁卯年之己酉月，才是真正的告一段落，乃四年木年之停止。

餘　事　期：九月五日（壬子日）→九月八日（乙卯日）。

流月開始日：八月二十日（丙申日）。 流月加重日：八月二十四、二十五日。 流月再加重日：八月二十三、二十五、二十八日及九月二日。 流月暫停日：八月二十九日→三十一日。 流月反擊、暫解除日：九月九日→十一日。乃因後面尚有酉月，故謂之：暫解除日。

8.丁酉月：（國曆七十五年九月）

丁火：

進　行　期：八月二十九日（乙巳日）→九月十一日（戊午日）。

強烈徵兆期：八月二十日（丙申日）→八月三十一日（丁未日）。

輕微徵兆期：與前面丙月連貫發生，不必分輕重。

流月種因期：前面甲、乙月之丙、丁、巳、午日及丙月。

流年種因期：和丙申月之丙火一樣。

餘　事　期：九月十二日（己未日）→十月十日（丁亥日）。

流月開始日：八月二十九日。　流月加重日：九月九日、十日。　流月再加重日：九月七日、八日。　流月暫停日：九月四、五、六日。　流月反擊日：九月十五、十六、十七日。　流月解除日：九月二十五、二十六日。因後面流月仍受流年丙火之影響，故曰：暫解除日。

酉金：

進　行　期：九月十三日（庚申日）→九月二十六日（癸酉日）。

強烈徵兆期：九月一日（戊申日）→九月十三日（庚申日）。
輕微徵兆期：與前面申月連貫發生，不必分輕重。
流月種因期：前面乙未月之金日和申月。
流年種因期：和申月一樣。若為酉年的話，則種因即在未年後申、酉月及申年。
餘　事　期：九月二十七日（甲戌日）→十月八日（乙酉日）。
流月開始日：九月十三日。　流月加重日：九月二十三日→二十六日。　流月再加重日：九月十八、二十一日、二十二日。　流月暫停日：九月十九、二十、二十二、二十三日。　流月反擊日、解除日：十月五日。

9. 戊戌月：（國曆七十五年十月）

戊土：（須從丁日未時中引動開始）
進　行　期：九月三十日（丁丑日）→十月十二日（己丑日）。
強烈徵兆期：九月二十一日（戊辰日）→十月一日（戊寅日）。
輕微徵兆期：九月十一日（戊午日）→九月二十一日（戊辰日）。
流月種因期：前面丙申、丁酉月及戊、巳日為重，次辰、戌、丑、未日。
流年種因期：沒有。若為丙、丁年之戊、己月，及戊、己年，辰、戌、丑、未年則種因就大。

餘　事　期：十月十三日（庚寅日）↓十一月八日（丙辰日）。接下尚有戌月及己月，故知其事必將連貫進行。

流月開始日：九月三十日。　流月加重日：十月六、九日。　流月再加重日：十月四、五、九、十日。　流月暫停日：十月七、八日。次一、二日。　流月反擊日：十月十七、十八日。流月暫解除日：十月二十七、二十八日。因後面尚有戌、己月未走完。

戌土：（地支進行，一律在天干之後。）

進　行　期：十月二十一日（戊戌日）↓十一月二日（庚戌日）。

強烈徵兆期：十月九日（丙戌日）↓十月二十一日（戊戌日）。

輕微徵兆期：九月二十七日（甲戌日）↓十月九日（丙戌日）。

流月種因期：前面丙、丁月之土日，和戊月種因連貫。

流年種因期：和前面天干戊月一樣。

餘事期：十一月三日（辛亥日）↓十一月八日（丙辰日）。

流月開始日：十月二十一日。　流月加重日：十月二十二、三十一日及十一月一日。　流月再加重日：十月二十八、二十九日。　流月暫停日：十月二十

五、二十六日。流月反擊日、暫解除日：十一月六、七日。

10.己亥月：（國曆七十五年十一月）

己土：

進　行　期：十月三十日（丁未日）↓十一月十一日（己未日）。

強烈徵兆期：十月二十一日（戊戌日）↓十一月一日（己酉日）。

輕微徵兆期：與前面戊、戌月乃連貫發生，不必分輕重。

流月種因期：前面丙、丁月之土日，及戊戌月。

流年種因期：和前面戊月一樣。

流月開始日：十月三十日。流月加重日：十一月二、十二日。流月再加重日：十一月八、九、十日。流月暫停日：十一月六、七日。流月反擊日：十一月十六日↓十九日。流月解除日：十一月二十七日。

亥水：

進　行　期：十一月十四日（壬戌日）↓十一月二十八日（丙子日）。

強烈徵兆期：十一月三日（辛亥日）↓十一月十五日（癸亥日）。

輕微徵兆期：十月二十二日（己亥日）↓十一月三日（辛亥日）。

流月種因期：丙申、丁酉月之亥、子日，及壬、癸月。

流年種因期：以看金、水年為主。含庚、辛、壬、癸及申、酉、戌、亥、子、丑年等，此戌、丑年乃水年之暫止及延續，故須連貫看。此處亥月沒有。

餘　事　期：十一月二十九日（丁丑日）→十二月七日（乙酉日）。實際上，事情尚未結束，下個月尚有子月，餘事皆會連貫。

流月開始日：十一月十四日。流月加重日：十一月二十四、二十五日。流月再加重日：十一月二十四、二十五日。流月暫停日：十一月二十三、二十六日。流月反擊日及暫解除日：十二月五、八日。

11.庚子月：（新曆七十五年十二月）

庚金：

進　行　期：十二月二日（庚辰日）→十二月十三日（辛卯日）。

強烈徵兆期：十一月二十二日（庚午日）→十二月二日（庚辰日）。

輕微徵兆期：十一月十二日（庚申日）→十一月二十二日（庚午日）。

流月種因期：前面丙申、丁酉月。及戊戌、己亥月之金日。

流年種因期：丙寅年之庚寅、辛卯月。乃乙丑年丑土用事，土生庚、辛金之故。但此種力量，比不上金年之直接影響。

餘　事　期：十二月十四日（壬辰日）→七十六年一月六日（乙卯日）。

流月開始日：十二月二日。　流月加重日：十二月六、七日。　流月再加重日：十二月五、十、十一日。　流月暫停日：十二月八、九日。　流月反擊日：十二月十八、十九日。　流月解除日：十二月二十八、二十九日。

子水：

進　行　期：十二月二十一日（己亥日）→七十六年一月四日（癸丑日）。

強烈徵兆期：十二月九日（丁亥日）→十二月二十一日（己亥日）。

輕微徵兆期：與前面亥月連貫發生，不必分輕重。

流月種因期：前面丙申、丁酉月之水日及亥月。

流年種因期：和亥月一樣。

餘　事　期：七十六年一月五日→一月六日。最後五行水月，以解除日為重。

流月開始日：十二月二十一日。　流月加重日：十二月二十四、二十五日。　流月再加重日：十二月三十日→一月二日。　流月暫停日：十二月二十九、一月一日。　流月反擊日、解除日：七十六年一月十日。不能在一月一日庚戌日，因尚在進行期內。

12.辛丑月：（新曆七十六年一月）

辛金：

進　行　期：七十五年十二月三十日（戊申日）→一月十二日（辛酉日）。

強烈徵兆期：十二月二十二日（庚子日）→一月二日（辛亥日）。

輕微徵兆期：與前面庚月連貫發生，不必分輕重。

流月種因期：前面申、酉月，及戊、己月之金日和庚月。

流年種因期：和前面庚月一樣。

餘　事　期：七十六年一月十三日（壬戌日）→二月五日（乙酉日）。

流月開始日：七十五年十二月三十日。流月加重日：一月十一、十二日。流月再加重日：一月四、七、十日。流月暫停日：一月八日。流月反擊日：一月十七、十八日。流月解除日：一月二十八日丁丑日。

丑土：

進行期：七十六年一月十六日（乙丑日）→一月三十一日（庚辰日）。

強烈徵兆期：一月四日（癸丑日）→一月十六日（乙丑日）。

輕微徵兆期：十二月二十三日（辛丑日）→一月四日（癸丑日）。

流月種因期：前面丙、丁月土日及戊戌月、己月。

流年種因期：乙丑年己丑月→七十五年乙未月。謂之流年丑土餘氣。

餘　事　期：二月一日（辛巳日）→二月四日（甲申日）。

流月開始日：一月十六日。　流月加重日：一月十九、二十日及二十二、二十五日。

　　流月再加重日：一月十七、十八、二十、二十一日。　流月暫停日：

　　一月十七、十八日。　流月反擊日、解除日：一月三十日。

　　總言之：學以致用，多運用農民曆，久之自然熟能生巧。由流日進而流時，但算流時，偶爾為之可，勿常用之，以免養成習慣，讓心胸束縛。此情如同生意人，賣雜貨小利者，久而久之，容易產生眼光短小，貪小便宜之心境，對未來回到最高靈界，反而形成極大之阻力，容易執著看不開之故。走筆至此，所有流年、流月、流日、流時逼進法，余所研創之心得，已傾之無遺矣！願讀者能善用之，多積功德，利益眾生，則余願足矣！

後記

日分晝夜，月有圓缺，星辰移換，人有生老病死，地有成住壞空，極軸變動，物有始終；自然界之萬物萬事，本即無常，立於高處遠觀之，更令人深覺天地之大，嘆吾人之渺小，為人處事何必斤斤計較，處處勾心鬥角，常常受到私慾蒙蔽，執著看不開呢！

古為精神時代，士、農、工、商，今為物質時代，商、工、農、士，人人欲爭做奸商，置聖賢教化於不顧，讀書反而成為爭名奪利之工具，令人感嘆，眾生沉淪。為救渡中華民族生靈及世界眾生，免遭魔界轉世之貪念所毒害，仙佛紛紛轉世投胎於各階層，負起責任。奈何各人道行深淺有關，經不起考驗者，比比皆是，欲救人者，反被拖下水，經不起物質時代之考驗，令余淚滴不已。

由近六年來，國際上各國之普遍不景氣，由小而大之企業倒風，令人感嘆富貴如浮雲，緣生緣滅，因緣聚散，並無永恆之富貴。願大家能體會於此，看開一切執著，並依照「成佛之原理及方法」修行，具備佛體——星光圈，具備大慈大悲之佛心、太陽心，回到最高靈界，永遠永遠都不要再來輪迴！

欲世世代代子孫富貴不替，於五術、玄學上，則有跡可尋，那就是：諸惡莫作，眾善奉行。為人處事對得起良心道德，對得起列祖列宗，並且廣積善功；對社會、國家、民族、甚而世界眾生，付出愛心，言行一致，效法大慈大悲之佛心，模仿普照世間之太陽心。

當因緣成熟時，自然於無形中，因積德行善，而祖墳得到富貴地，藉其山川靈氣，使吾人及子孫之精、氣、神更聚集，不僅有助於本身之官運、財運，且蔭生後代子孫大富大貴之生辰八字。何愁家族富貴不永呢！然一般人皆不知，富貴大地，皆有山神、靈界仙佛呵護，為人為非作歹，未積大善，而妄求富貴福地皆不能得；學五術、玄學者，皆有仙佛慧根，更需以身作則，亦由於所學之術法，增加了甚多積德行善之機會，當然比一般人更易得到富貴大地。假若為人處世私慾太重，凡事執著看不開，處處爭名奪利，則空具慧根，跟眾生沉淪者一樣，欲追求富貴福地，縱得亦速破壞，即使仙佛轉世投胎也是一樣，因眾生平等啊！

有的讀者，不懂得算八字，卻只為了看「天機預言」，而破費購買「八字洩天機」，令余深感抱歉。又自七十一年十一月上冊出書以來，歷經三年的證驗，確定了余以地運配合流年、流月逼進法推算之理論無誤，然推測預言國運、世運，與其他算個人八字不同，要歸納了解的常識更複雜，殊為不易。有的讀者，以為上冊之預言，得自靈界之神通耳報，其實沒有，所預言之事，皆有理論根據，也是本文欲公開的預言根據。準驗與否，與靈界無關。當余在七十三年十二月，因緣成熟，與最高靈界仙佛元靈合一時，親眼目睹：天人之舞、及由靈魂體前面地下，抽調出一本記載事實之書籍；及靈體親臨地球地底下魔界，大施佛法辦事；多次眼見星光體……等等。說來令人難以置信，但卻是千真萬確之事。此類事實，余曾於巨人出版社所出版的「靈界紀遊」見到，著者瑞登波，譯者李鴻。乃倫敦大英博物館珍藏。瑞登波（Emanuel Sweadenborg）據聞目前國外有一研究機構：英國瑞登波協會。（Swedenborg House · 20 Blooms Bury Way London W · C · I）。而此本「靈界紀遊」，市面書局不見，乃在舊書店購得，六十五年出版，應已成絕版。

預言推測之原理根據

◎近代三之九運表

地理學三元	一般之三元	地運	年限表（以立春為交界）		
上元	上元	一運	明弘治十七年甲子年到 嘉靖二年癸未年止	清康熙二三年甲子年到 康熙四二年癸未年止	清同治三年甲子年到 光緒九年癸未年止
		二運	明嘉靖三年甲申年到 嘉靖二二年癸卯年止	清康熙四三年甲申年到 雍正 元年癸卯年止	清光緒十年甲申年到 光緒二十九年癸卯年止
		三運	明嘉靖二三年甲辰年到 嘉靖四二年癸亥年止	清雍正 二年甲辰年到 乾隆 八年癸亥年止	清光緒三十年甲辰年到 民國十二年癸卯年止
	中元	四運	明嘉靖四三年甲子年到 萬曆十一年癸未年止	清乾隆 九年甲子年到 乾隆二八年癸未年止	民國十三年甲子年到 三十二年癸未年止
中元		五運	明萬曆十二年甲申年到 萬曆三十一年癸卯年止	清乾隆二九年甲申年到 乾隆四八年癸卯年止	民國三十三年甲申年到 五十二年癸卯年止
下元		六運	明萬曆三二年甲辰年到 萬曆 三年癸亥年止	清乾隆四九年甲辰年到 乾隆 八年癸亥年止	民國五十三年甲辰年到 七十二年癸亥年止
	下元	七運	明天啟 四年甲子年到 崇禎 末年癸未年止	清嘉慶 九年甲子年到 道光 三年癸未年止	民國七十三年甲子年到 九二年癸未年止
		八運	明順治 元年甲申年到 崇禎 末年癸未年止	清道元 四年甲申年到 道光二三年癸卯年止	民國九十三年甲申年到 百十二年癸卯年止
		九運	明康熙 三年甲辰年到 康熙二二年癸亥年止	清道元二四年甲辰年到 同治 二年癸亥年止	民國百十三年甲辰年到 百二十三年癸亥年

◎十天干當令主事及祖墳出向與三元九運關係表

地理學三元	一般之三元	運	十天干當令字（以日元及八字用神看）	忌神年（含天干地支）	蔭生祖墳之出向（以日元及八字用神看）
上元	上元	一運	甲木當令。乙木輔令次之。	忌逢土年金月。金年。	甲木為向南。乙木為向北
上元	上元	二運	庚金當令。辛金輔令次之。	忌逢木年火月。火年。	庚金為向東北。辛金為向西南。
上元	上元	三運	壬水當令。（日元辛金）癸水輔令。（日元庚金）	忌逢火年土月。土年。（延到五運）	壬水為向西。癸水為向東。
上元	中元	四運	丙火、戊土當令。丁火、己土輔令。	忌逢金年水月。水年。	丙火、戊土為向西北。丁火、已火為向東南。
中元	中元	五運	前十年和四運一樣。後十年和六運一樣。	忌逢金年水月。水年。	前十年和四運一樣。後十年和六運一樣。
下元	中元	六運	丁火、己土當令。丙火、戊土輔令。	忌逢金年水月。水年。（延到七運）	丁火、己土為向東南。丙火、戊土為向西北。
下元	下元	七運	癸水當令。（日元辛金）壬水輔令。（日元庚金）	忌逢火年土月。土年。	癸水為向東。壬水為向西。
下元	下元	八運	辛金當令。庚金輔令次之。	忌逢木年火月。火年。	辛金為向西南。庚金為向東北。
下元	下元	九運	乙木當令。甲木輔令次之。	忌逢土年金月。金年。	乙木為向北。甲木為向南。